带队伍就是带作风

解放军为什么所向无敌

李占海◎著

当代中国出版社
Contemporary China Publishing House

图书在版编目(CIP)数据

带队伍就是带作风：解放军为什么所向无敌/李占海著.
—北京：当代中国出版社，2013. 11
ISBN 978-7-5154-0378-6

Ⅰ. ①带… Ⅱ. ①李… Ⅲ. ①企业管理—职工培训
Ⅳ. ①F272.92

中国版本图书馆 CIP 数据核字(2013)第 278467 号

出 版 人　周五一
策划编辑　位灵芝　王　滟
责任编辑　宗　边　王　滟
出版发行　当代中国出版社
地　　址　北京市地安门西大街旌勇里 8 号
网　　址　http://www.ddzg.net　邮箱：ddzgcbs@sina.com
邮政编码　100009
编 辑 部　(010)66572264　66572132　66572154
市 场 部　(010)66572281 或 66572155/56/57/58/59 转
印　　刷　北京盛源印刷有限公司
开　　本　720×1020 毫米　1/16
印　　张　11 印张　121 千字
版　　次　2014 年 1 月第 1 版
印　　次　2014 年 1 月第 1 次印刷
定　　价　30.00 元

目录

第三章　英勇顽强

第四章　恪尽职守

第五章　紧密团结

第六章　严守纪律

第七章　艰苦奋斗

第八章　雷厉风行

第九章　刻苦学习

第十章　不断创新

序 言

时代需要解放军精神

人类社会已走过了几千年，历代统治者都建立有自己的军队，能征善战的不在少数，但能为后人留下宝贵精神财富的并不多见，只有解放军精神一直在影响着中国，并为世人所敬仰，成为鼓舞人们奋发向上的力量。

人民解放军几十年发展壮大的辉煌历程，创造了无数奇迹。新中国建立以前，中国共产党领导的人民军队进行了22年的革命战争，打败了日本侵略者，推翻了国民党的反动统治。新中国建立以后，解放军又在祖国的南疆、北疆和西部边界进行过自卫反击保卫国家主权的作战，先后同西方军事强国以及苏联、印度军队打过仗，取得了举世瞩目的胜利。尤其是在抗美援朝战争中，解放军以劣势武器装备与世界头号军事强国美国亮剑交锋，依靠坚定的意志、顽强的作风，和为祖国和人民不怕牺牲、勇于献身的精神取得了胜利，打出了军威、国威，为新中国赢得了崇高的国际地位。

毛泽东说："美国是钢多气少，解放军是钢少气多。""气"就是一种气势，美国人缺少这些东西，所以失败了。

曾在朝鲜战场参战的美军将领克拉克在回忆录里写道，中国军队的实力更多表现在坚忍顽强、不惧牺牲的精神，这对我们来说是“谜一样的东方精神”。一贯迷信先进武器的美国人，在朝鲜战争中头一次领教了这种“东方精神”的厉害。美联社记者称：“美国军队在东方遇到了最强硬的对手。”

在当代，研究解放军精神的人很多，倡导学习解放军精神的人也很多，究其原因，主要是它适应了时代发展的需要。

首先，世界新军事变革需要解放军精神。在知识经济时代，军事变革是全方位的变革。不仅武器装备要变，人们的思想观念也要变，精神面貌也要变。这些变化对建设信息化军队提出了很高的要求。

西方发达国家在武器装备上变化很快，但在思想作风和精神方面的变化却相对滞后。以美国为例，几次现代化战争美国都打赢了，充分显示了高科技武器装备的巨大作用，但也暴露出厌战情绪增长、精神面临崩溃、战斗力下降的问题，最后不得不以撤军收场。海湾战争、伊拉克战争、阿富汗战争、科索沃战争，美国都遇到了这种麻烦。所以，发达国家的军队都在寻求精神支柱。而中国人民解放军则成了他们效仿的榜样。美国有家研究机构曾经撰写了一份研究报告，题目是“美国军队为什么打不下上甘岭”。文中说，美国军队使用的是现代化武器，中国军队使用的是常规武器，怎么会失败了呢？分析来分析去，最后的结论是，中国军队的精神力量是不可战胜的。

在军事战争中，不仅是武器装备的较量，也是精神力量的较量。中国军队具备这一精神，而西方国家军队却没有，这就是西方国家军队的短板，同样，建设现代信息化军队，也需要解放军的这种精神力量。

其次，现代企业的发展需要解放军精神。在知识经济时代，现代企业已今非昔比，靠个人单枪匹马打天下的时代已成为历史。现在许多企业，少则几千人，多则几万人或几十万人，相当于军队的一个团、一个师、一个军或一个军区。如此庞大的队伍怎么管理？如何建设先进的企业文化，打造一支优秀的员工队伍，是企业家面对的严峻现实。尽管有不少出类拔萃的企业家创造了辉煌业绩，成为世界500强、中国500强，但在管理上，特别是思想作风建设上，还是遇到了许多令人头疼的问题，聪明的企业家将目光转向了人民解放军，这支雄狮劲旅有几百万人，一直保持着政治合格、军事过硬、纪律严明、作风优良、保障有力的雄姿雄风，堪称一支有理想、有道德、有文化、有纪律的战斗团队。建设优秀团队，培育优良作风，提高战斗力和执行力，企业同样需要解放军精神。

再次，当代青年成长进步需要解放军的精神。当代青年主体是大学生、企业员工和社会青年，其中80后和90后占绝大多数。这些在和平环境中成长起来的人，有文化知识，有理想抱负，对前途充满了美好的憧憬。但他们在人生道路上没有遇到过什么风浪，更没有经受过苦难的磨炼，因此经不起打击或挫折，要补好这块人生短板，同样需要解放军精神。

目前，许多大学生和企业员工实行军训，就表明了这样的迫切需要。当然，高校有校园文化，企业有企业文化，社会也有社会文化，但这些文化与军营文化不可同日而语。有人把军营比喻为“铁打的营盘”，更有人赞美人民解放军是一所“大学校”“大熔炉”“大家庭”。一个青年人，进入军营后经过几年的摔打，就会成长为作风优良的钢铁战士，就会成为当代青年学习的榜样。

当代社会的和谐发展需要解放军精神。在价值取向多元化、生活方式多样化的社会环境中，各种思想观念碰撞与交融，一方面为当代社会注入了新的活力，另一方面也带来了许多负面影响。如何树立良好的社会风尚，促进社会的和谐发展，也需要解放军精神。雷锋，是举世公认的精神楷模，几十年来一直影响着中国，影响着世界，就是这种社会需要的客观反映。

2013年全党上下开展的“党的群众路线教育实践活动”，最根本的还是解决思想问题和精神面貌问题。毛泽东有句名言：“思想决定一切，思想改变一切。”党中央制定的党员干部必须遵守的“八项规定”，实际上就是端正思想作风、工作作风和生活作风，做一名合格的共产党员。中央要求党员干部要“照镜子、正衣冠、洗洗澡、治治病”。习近平同志强调要纠正“五种不良风气”，讲的都是要在改造世界观上找原因，在精神面貌上看问题，在转变作风上下功夫，在真抓实干上见成效。归根到底，还是解决世界观、人生观、价值观问题。从这个意义上说，也需要解放军精神。

解放军精神到底是什么？许多军史学家都从某一个侧面进行过概括，如井冈山精神、长征精神、延安精神、上甘岭精神、雷锋精神等等，都反映了人民军队的精神风貌。但从总体上讲，解放军精神可以概括为十种精神，即：无限忠诚的精神；无私奉献的精神；英勇顽强的精神；恪尽职守的精神；紧密团结的精神；严守纪律的精神；艰苦奋斗的精神；雷厉风行的精神；刻苦学习的精神；不断创新的精神。这十种精神，是伟大人民军队的制胜法宝，是战无不胜的优良作风，也是解放军创造的宝贵精神财富。

人民解放军因为具备了这种精神这种作风，在任何时候任何情况下都能攻无不克，战无不胜；企业员工具备了这种精神，在任何情况下都能克服困难，创造辉煌业绩；青年学生具备了这种精神，在任何艰苦条件下都能走向成功。可以说，任何一个人，只要具备了这种精神，具备了这种优良作风，都会成为“一个高尚的人，一个纯粹的人，一个有道德的人，一个脱离了低级趣味的人，一个有益于人民的人。”这就是解放军精神的体现。

李占海教授是我的战友和同事，曾在总参谋部武汉通讯指挥学院任教，硕士研究生导师。30多年来，其著述和论文成果丰硕，对军队政治工作和党史、军史研究具有很深的造诣，长期为军队高中级干部授课，为地方高校大学生和地方企业家授课，受到广泛欢迎。

本书是李占海教授的新作，创意新颖，反映与时俱进的风貌，对于人们学习和弘扬解放军精神，具有很好的参考价值和借鉴意义。故此书表拙见。

李凯城

2013年7月29日

带队伍就是带作风

第一章 无限忠诚

忠诚是一种很高的精神境界。一个团队具备了忠诚精神，就能压倒一切困难，取得胜利；一个人具备了忠诚精神，就能克服各种艰难险阻，勇往直前。

解放军是忠诚的典范

中国企业，尤其是民营企业最担心的，往往是在企业发展的关键时刻，出现一个叛将，就会带走一群叛军，带走公司的核心机密，甚至搞垮一家企业。所以，企业最需要、最渴望的就是下属和员工的忠诚。

什么是忠诚？忠诚是一种责任，忠诚是一种义务，忠诚更是一种信仰和品格。忠诚，表现为思想上高度一致、情感上高度认同、心理上高度信赖、工作上不遗余力。军人因为忠诚，就自觉服从命令，需要时可以赴汤蹈火，不惜一切代价地完成首长交给的任务。员工因为忠诚，就会获得老板的信赖、同事的尊重，进而创造出骄人的业绩，获得事业的成功。

说到忠诚，最好的典范就是中国人民解放军，可以说，解放军是打造忠诚团队的最佳榜样。

中国人民解放军军人条例规定：军人必须忠诚于党，忠诚于人民。凡是要求入伍的军人，都必须在军旗下郑重宣誓：忠诚于党，服务人民，英勇作战，不怕牺牲。无论是革命战争年代还是和平时期，为了人民的解放和人民的幸福，无数解放军官兵赴汤蹈火，在所不辞，表现出无比忠诚的精神。

1937年7月7日，日本侵略者侵入华北，党中央提出了“停止内战、一致抗日”，“建立抗日民族统一战线”的伟大号召，决定放下与国民党10

年内战的血海深仇，实行国共合作，改编红军，联合抗日。因此，在延安的红军和在南方的八省游击队都将面临一个改编的问题，换上国民党军队的番号。

对于中央做出的这一决定，许多红军官兵思想上想不通，觉得“说我们是红军，怎么突然变成了白军呢？我们穿的是红军的衣服，戴的是红帽徽、红领章，怎么突然要穿上国民党军队的服装，戴上青天白日旗的帽徽呢？我们和国民党军队打了10年仗，许多红军战士的鲜血不是白流了吗？”

当时，延安红军比较集中，又是党中央的驻地，思想工作还比较容易做。但南方八省游击队正在和国民党军队浴血奋战，要他们突然停下来与敌人握手言和，说什么也想不通，很多干部根本不相信这是中央的决定。后来，出现了许多极端的事件，有些传达中央指示的人被扣起来，有些还被杀掉了。后来，陈毅亲自上山做工作，也被扣起来了。

这时，许多党的高级干部带头做思想工作。刘伯承同志说：“红军改为八路军，是为了共同抗日，是为了民族的解放，是为了人民的利益，我们虽然穿上了国民党军队的服装，但我们的心永远是红的，是对民族、对人民忠诚的体现”。说完，他带头脱下红军服装，换上了改编后的军服。贺龙同志说：“我贺龙也不愿意改名啊！但为了全民族的利益，为了不当亡国奴，红军就得改名，我们红军是名改心不改，一颗红心为人民，红军虽然改了名，但还是听党中央毛主席的！”贺龙还诙谐地说：“只要能打日本鬼子，就是穿花衣服，我也心甘情愿。”一席话说得战士们都笑了起来。听了刘伯承、贺龙的话，干部战士都说：“名改心不改，我们想通了！”

可见，上至高级统帅，下至普通士兵，忠诚精神已经深深融入了人民军队的血液。

新中国建立后，虽然是和平时期，既没有敌人的“围剿”，也没有敌人的“进攻”；既没有枪林弹雨的战斗，也没有监狱和刑场上坚贞不屈的斗争，但人民解放军的忠诚一如既往。新中国建立60多年来，在人民军队中涌现出的一大批英雄模范人物，如雷锋、王杰、欧阳海、刘英俊、李向群等人，都是忠诚于党、忠诚于人民的光辉榜样。

雷锋是个普通战士，入伍前家庭十分贫苦。参军后，他怀着报恩的心情做了大量好人好事，多次被评为优秀战士、先进工作者。人民信任他，选他为抚顺市人大代表。他写了大量日记，表达了对党、对人民的无限忠诚。雷锋牺牲后，他的事迹在军内外引起了强烈反响，毛泽东亲笔题词“向雷锋同志学习”，赞扬他全心全意为人民服务，无限忠诚于党的精神，使他成为全国人民学习的榜样。

有人可能会问，时代发展到今天，忠诚精神离开了吗？——没有！相反，人民解放军仍旧在不同的情境下诉说着忠诚，谱写着忠诚的赞歌。

2010年8月8日凌晨，甘肃舟曲特大泥石流灾害发生时，武警舟曲支队副中队长王伟正在与怀孕三个月的妻子通话，突如其来的灾难让他中断了与妻子的谈话，旋即带领战士们投入到十万火急的抢险救灾之中。倾盆的大雨中，他和战友们把一家老少四口从危楼上救出，将几十名群众转移到安全的地方……身上的军装，决定了他在那段时间里不能顾及一己的儿女情长。等到任务完成，王伟再拨打妻子的电话时，那头已经永远地沉默了！

为什么解放军精神能够长盛不衰，成为引导一代又一代人的楷模和榜样，就是因为忠诚精神，这是凝聚人心、奋发向上的巨大力量，也是组织和个人走向成功、创造辉煌的力量源泉。

领导者，首先应是忠诚的实践者

忠诚是卓越领导者的人格基础。忠诚是对自己所从事的事业、所追求的信仰、所认可的价值观的忠诚。

毛泽东是中国共产党的领袖，也是中国人民解放军的最高统帅，在重庆谈判时，他以大智大勇为全党全军树立了忠诚的光辉典范。

抗日战争胜利后，蒋介石给毛泽东连发了三封“言辞恳切”的电报，邀请他赴重庆“共商大计”，信中写道：“深望足下体念国家之艰危，悯怀人民之疾苦，共同戮力，从事建设。”蒋介石的如意算盘是，毛泽东绝对不敢去重庆，如果不去，就把打内战的责任推到共产党身上，如果去了，就借谈判机会争取打内战的时间。

毛泽东当然明白此中深意，但为了争取国内和平，表明中国共产党的诚意，他毅然决定前往，既然蒋介石“要演民主的假戏，我们就来他一个假戏真演，让全国人民当观众，看出真假，分出是非，这场戏也就大有价值了”！

结果蒋介石慌了手脚，连个谈判的方案也没有，最后迫不得已只好老老实实坐下来谈判，最后搞了个“双十协定”，毛泽东胜利返回延安。毛泽东此行，不仅体现了伟人的大智大勇，更体现了对党的事业、对人民利益的果敢和忠诚。

人民解放军许多著名高级将领也是这样，他们绝大多数都从战士起步，经历过枪林弹雨、九死一生的考验。为什么他们能够成为将军？就是他们始终能够做到忠诚于党，忠诚于人民，把忠诚作为立身之本。

开国上将许世友，当兵前曾是一个和尚，当兵后一心跟着共产党走，从战士、排长、连长一直到当了司令，仍是对党的事业忠心耿耿。“文化大革命”时，红卫兵冲击许世友，毛主席知道后只说了一句话：“许世友这个司令不能动！”毛主席对许世友的高度信任由此可见一斑。这都是忠诚带来的信任。

同样，忠诚也是一个人驰骋职场的优势。否则，即使你有专家级的技能，也不可能得到信任，并委以重任。

阿里巴巴首席执行官马云曾经说：“我在上海创业初期只有18个人，跟着我千辛万苦都不离开，他们讲信义，对公司绝对忠诚，是完全可以信赖的人。尽管现在企业员工有2万多人，可挑选的能人不少，但这18位忠臣就是要重用。”

在这个激烈竞争的时代，每个企业都非常看重忠诚的员工。著名企业家孙大午有一次讲道：“我们的很多干部是很忠诚的。比如我们的总经理，她曾经受到过两次大的处罚，前些日子她说了一句话，让我非常感动。她说：‘我可以不当总经理。就是当一个工人，我也不离开这里。’这表明她对集团是一心一意的，不离不弃的。我相信，随着她的成长，她的能力也会得到体现。谁能够不犯错误呢？只要有了对企业忠诚的心，她就能够在这里立足，并逐步成长。温泉的张经理，原本集团给了她权力，每月有200张温泉票的分配权，可是她的父亲、孩子来洗温泉时，都是自己掏钱买票，这不是因为对企业的忠诚吗？车队有个司机，犯了错误被通报，但是他没有走，还坚持留在公司，我就很看重他。很多人因为虚荣离开了公司，因为一点小挫折离开了集团，比起他们来，这位司机的坚守之心就格外宝贵。”

为什么许多大学毕业生，包括硕士、博士都面临就业难的困惑？一是期望值太高，总想多拿工资少做事；二是缺乏忠诚度，仗着有点特长，总是这山望着那山高，整天盘算着跳槽，难以得到企业的信任。尽管他们当中有不少人在管理、专业技术上很有能力，却难以找到满意的工作。

许多企业在面试时，都要问应聘者为什么离开原来的企业，为什么跳槽，原来的老板好不好？如果一个人总是跳槽，又把原来的老板说得一无是处，用人单位对这类人就会退避三舍。因为他们不忠诚。

所以，一个人要想获得事业的成功，不仅要靠本事，更要靠忠诚。没有忠诚便没有信任，没有信任便没有立身之地。那些老老实实做人，扎扎实实干事的人，才能得到领导的信任，最终走向事业的成功。

忠诚不仅是品格，更是能力

忠诚不仅是一种高贵的品格，更是一种能力。

解放军精神内涵中包括的勇敢、机智、士气、意志等等，贯穿其中的就是“忠诚”二字。解放军80多年坚不可摧、锐不可当的事实证明，人民解放军忠诚于党、忠诚于人民、忠诚于祖国的坚定信念，已经转化为最强大最持久的战斗力。

在八十多年的辉煌历程中，人民解放军克服了许多难以想象的艰难险阻，与日本军队、国民党军队和美国军队作战22年，战胜了优势敌人，创造了无数可歌可泣的光辉业绩。

北伐名将叶挺，第一次国共合作时期就是孙中山的警卫营长，也是一名共产党员。北伐战争开始后，国民革命军共有8个军，谁也不敢打头阵，只有叶挺独立团敢担开路先锋，从广东一直打到湖北。吴佩孚气急败坏，在贺胜桥上成立了大刀队，凡后退者格杀勿论，一连杀了几个旅长、团长，也顶不住叶挺独立团的进攻。毛泽东称叶挺是“解放军的第一个总司令”。

抗日战争爆发后，叶挺担任新四军军长，蒋介石以高官厚禄拉拢他，叶挺不为所动：“新四军是共产党的军队，我一切听共产党指挥。”1942年蒋介石发动皖南事变，叶挺被扣押，蒋介石对他说，只要你写个悔过书，我就给你自由。叶挺在狱中以诗作答，诗中写道：“为人走出的门紧锁着，为狗爬出的门敞开着，一个声音高叫着，爬出来吧！给你自由，但人怎能从狗洞里爬出，我愿在烈火中永生。”表达了对共产党和人民的绝对忠诚。

抗日战争胜利后，在我党多方营救下，叶挺出狱，国民党高级将领问他出狱后干什么，叶挺回答：“我出狱后的第一件事，就是要求党中央恢复我的党籍，共产党让我干什么，我就干什么。”毛泽东看到叶挺的电报，代表党中央立即批准叶挺恢复党籍。遗憾的是，叶挺在重庆乘飞机返回延安时不幸遇难，一代名将带着对党、对人民的赤诚之心走了，但其英名永垂千古。

在人民解放军历史上，上至军官，下到普通士兵，忠诚的事例数不胜数。1947年刘邓大军挺进大别山，10万人不要后勤，都是把钱粮带在身上行军。有一支部队是专门负责后勤保障的，战士王德胜的任务是用担子挑钱。他挑的钱总共是370万零30元，挑着两担钱。行军途中他不慎摔了一跤，钱撒得满地都是，等把钱捡起来时，部队早已经走远了。

王德胜就蹲在地上等到天亮，然后跟着部队脚印走。那是在国民党统治区，前后都是国民党部队围追堵截，为了不暴露目标，他把担子扔了，把钱绑在身上，揣着身上仅有的两颗手榴弹，开始追赶部队。他一共追了6天，在这6天中遇到过土匪，也遇到过国民党的部队，他都巧妙地躲避过去了，历经千辛万苦，终于赶上了部队。战友们见他一个人带着这么多钱回来了，都很敬佩他。王德胜真诚地说：“全团的伙食费都在我的身上，我要是走了，大伙吃什么啊！”面对大把的金钱毫不动心，这就是忠诚。

从大的方面说，忠诚是指忠于祖国，忠于事业，从小的方面说，忠诚是指忠于集体，忠于职守。缺少忠诚，团队就如一盘散沙，打起仗来可想而知。

有的员工以为，公司是老板的，我只是替老板打工的，工作付出得再多，干得再出色，最后得到好处的永远是老板。

如果他们了解解放军，多半就会改变想法。在战场上随时可能牺牲，每一个军人都非常清楚这一点。自己必须和首长、战友同舟共济，否则牺牲的概率会大大增加。没有首长的智慧，没有战友的配合和掩护，是无法独自完成任务的。

任何组织都是一样，组织的力量，众人的力量，才是无穷的。一个人单打独斗，不管如何努力，永远都赶不上时代的步伐，更何况知识爆炸的时代。在这样一个环境当中，领导者就像一位掌舵的船长，既要把握航船前进的方向，又要想方设法避免触礁保障一船人的安全；船员则要忠诚尽职，听从船长的指挥，所有船员同心协力、共同配合，才能把船驶向成功的彼岸。

宗庆后是人们都熟悉的企业家，16岁那年，他被“安排”到浙江舟山去填海滩，一待就是15年。此后他当过小学校工、沿街卖过棒冰。1988年他创办企业，尽管没有任何从商经验，但他善于学习、忠诚做事， 率领手下开发的娃哈哈儿童营养液一炮打响，企业从此走上了发展的快车道。

成名之后，有人曾经问过宗庆后，人生中大有作为的15年在农村中度过，是否后悔？宗庆后却认为自己的发家秘诀就是忠诚：“这15年，尽管是我人生当中最年轻、最有成长希望的大好时光，看起来好像在农村没有什么作为。但对整个人生道路确实有很大帮助，这15年艰苦生活磨炼了我的斗志，能吃得起苦，也练就了比较好的身体，为我42岁以后再重新创业打下了比较雄厚的基础。”

正如有位名人所说，“德是才之主，才是德之奴”，有德的人，有能力驾驭自己的才能，无德的人，即使有才能，也常常因为自己无法驾驭而迷失方向，最终毁了自己。从这个意义上说，忠诚是一种能力，甚至超越了能力。

以对家人的心态对待团队

人民解放军是一所大学校，同时也是一个大家庭，凡是从军营走出来的人，都会自豪地说，我曾是一名军人。诚如雷锋所言：生我是娘，养我是党，培养我成长的是伟大的人民军队。

解放军曾经涌现出一大批英雄人物和先进集体，如董存瑞、黄继光、雷锋、王杰、李向群等，他们生前视军队如家，牺牲后，党和人民没有忘记他们，他们所工作的单位都是以他们的名字命名的。如“雷锋班”“王杰班”“黄继光连”“李向群连”，“南京路上好八连”，“硬骨头六连”等，所有这些，都像一面面旗帜，引导着后来者，感召着一代又一代青年。

在外国军队也有这样的例子，有一位美国军人叫米西尔，青年时代从西点军校毕业编入美国陆军，几年后他成为一名连长。在连长的位置上米西尔干了2年，他把士兵看做自己的兵，士兵也把连队看成是自己的连队，在他的带领下，一个原来很涣散的连队被打造成为“西点军校的米西尔连”，取得了很高的荣誉。有人问他带兵的诀窍，米西尔说，我成功的秘密就是一条，“让每一个士兵都自觉地认为，这是我的连队”。

后来米西尔因伤残从军队退役，成立了著名的米西尔国际公司。他把带兵的理念运用到经营企业中，在米西尔公司内，所有的员工都认识到一点：这个公司是米西尔的，也是我的公司。正是依靠“让每一个员工都把公司当成自己的公司，让每一个员工都以主人翁的心态来工作”这一理念，米西尔使公司获得了巨大成功。

如果员工都能以对家人的心态对待工作，就会迸发出巨大的热情，就会站在老板的角度看问题，努力发挥自己的特长，在为公司创造价值的同时，也为自己赢得更大的发展空间。

某公司由于一项重大决策失误濒临破产，员工纷纷跳槽另谋出路，公司上下人心惶惶。曾经当过兵的小王却没有这么做，他想自己决不当逃兵，要和公司共渡难关。他主动找到老板，直截了当地问老板：“您认为您的公司已经垮了吗？”老板很惊讶地说：“没有！”小王说：“既然没有，那您就不应该这样消沉。现在很多公司都面临同样的问题，并非只有我们一家。虽然您的5000万元砸在了工程上，成了一笔死钱，可公司没有全死呀！我们不是还有一个公寓项目吗？只要好好做，这个项目就可以成为公司重振旗鼓的开始。”说完他拿出那个项目的策划文案。

隔了几天，小王被派去做那个项目经理。几个月后，那片位置不算好的公寓全部提前售出，公司终于有了起色。老板非常高兴，提拔小王为副总。之后的4年里，小王帮着老板做了好几个大项目，为公司赚了不少钱。当公司改成股份制，老板成了董事长，董事会要聘请一位总经理，几位很优秀的副总都被推荐，但董事长极力推荐小王，最后小王成为新公司第一任总经理。

看到企业面临危机的时候，小王担心的不是自己的前途，而是企业的安危！他清楚地知道，企业一旦关门不光是员工失业，老板也失业。所以更应该主动站出来，让老板鼓起信心，带领员工共渡难关，最终小王也因着自己的忠诚赢得了巨大的回报！

在逆境中更能显出一个人的忠诚本色。忠诚于企业，与企业同患难的员工，才可能和企业一起成长。所以不要在企业困难的时候当逃兵，要明白，那些最令人羡慕的业绩，都是历经艰难曲折以后才取得的。

任何时候都要严守机密

严守机密体现了一个人的良好品质，是每个高尚者追求的共同目标，其核心就是忠诚。

对于一名军人来说，忠诚于党，忠诚于人民，忠诚于组织，是对自己的起码要求。为了严守机密，中央军委颁布了《中国人民解放军保密条例》，规定了10条铁的纪律，部队官兵必须做到。

每一个军人都知道，严守组织机密是高尚的，出卖组织秘密是可耻的。人们熟悉的江姐、罗世文、李白、王若飞等许多英烈，面对敌人的酷刑、诱惑，始终保持着共产党人的气节和尊严，宁肯牺牲生命也不出卖组织的秘密，表现了他们对党对人民的绝对忠诚。

相对于军事机密来说，商业机密也同等重要。在市场经济条件下，“商场如战场”，竞争十分激烈，可以说三百六十行，每行都有自己稳步生产和经营的技术诀窍，也可称之为“绝招”，这个绝招就是企业机密。保护了企业机密，就保住了企业发展，泄漏了企业机密，就毁掉了企业前程，这一方面成功的经验和失败的教训是相当多的。

美国可口可乐公司是著名的跨国公司，排在全球饮料行业的榜首，屹立一百余年不倒。其中一个绝招就是可口可乐的秘制配方一直不为人们所知。多少饮料行业商家不惜一切代价想搞到这个秘方，但多少年来一直是个“谜”。

究其原因很简单，就是可口可乐公司的员工忠诚于企业，始终严守公司商业机密。其实，所有饮料的配方大同小异，主要的成分就那么几种，这是同行都知道的，唯独可口可乐有0.3%的成分和别的饮料不同，所以喝起来口感很好。可口可乐公司的总部设在美国，0.3%的秘密就在总部，在公司里只有10个人知道，10人有10把钥匙，各自掌管。凡取配方，10个人每人开一道门，要开10道门才能取出来，而后用飞机运往世界各分厂。试想一下，这10人中只要有一个出卖组织或在操作过程中变节，可口可乐公司的前程就不堪设想。可见，可口可乐公司赢就赢在0.3%上。

现在许多用人单位已经把保守机密放到与员工才能同等的位置。一个不守密的员工，就算再有才干，也得不到重用。而忠诚于企业的人，无论走到哪里，都会获得领导的信任和提拔。

王刚是一家金属冶炼工厂的技术骨干，已在工厂工作多年，由于工厂准备调整发展方向，王刚觉得不再适合自己，就辞职到国内最大的一家金属冶炼公司应聘。由于王刚业务熟练、技术精湛又年轻有为，公司面试时对他的能力非常认可，但却提出了一个让王刚非常作难的问题。

主持面试的一位技术副总说：“我们很高兴你能够加入我们公司，你的资历和能力都很出色，听说你原来的厂家正在研究一种提炼金属的新技术，你也参加了这项技术的研发。我们公司也在研究这门新技术，你能够把你原来厂家研究的进展情况和取得的成果告诉我们吗？你知道这对我们公司的发展意味着什么，这也是我们聘请你来我们公司的原因。”

王刚听了坦然答道：“或许市场竞争确实是需要一些非常手段，但是我不能答应你的要求，因为我有责任忠诚于我以前的企业。尽管我已经离开它了，但我不能出卖企业的技术秘密，因为信守忠诚比获得一份工作重要得多。”

王刚身边的人都为他的回答感到惋惜，因为这家企业的实力比他原来的工厂要大得多，在这里工作是无数人梦寐以求的，但是王刚却放弃了这个机会。

就在王刚准备去另一家公司应聘的时候，那位副总经理打来电话说：“王先生，你被录取了，并且做我的助手。不仅是因为你的能力，更因为你时时刻刻都想着自己的企业，保守商业机密，你是好样的！”

最终，王刚以人格的魅力赢得了应聘公司的信任。

作为公司的一员，任何时候都要在心里提醒自己有一条底线不过越界：哪些事可为，哪些事不可为，绝不能去做损害团队利益的事。事实证明，凡是丧失原则的人，品质败坏的人，都会为自己的所作所为付出惨重的代价。

有一年，可口可乐曾经出现过员工出卖公司资料的事件：有一名自称“德克”的可口可乐高层雇员，向总部设在纽约的百事可乐公司提供了“十分详细的机密信息”，该邮件是用可口可乐正式商业信封寄往百事的。可口可乐得知消息后，立即与联邦调查局取得联系，后者当即展开了秘密调查。此后，这个自称“德克”的泄密人又提供了另几份被确认为商业机密的可口可乐绝密文件，并提供了一份机密的可口可乐新产品样本。

几天后，一名联邦密探提出以150万美元向“德克”购买其他商业机密。后被证实这个机密为可口可乐正在开发的新产品样本。最后，三名犯罪嫌疑人得到了应有的惩罚。

跳槽多失信也多

忠诚是军人的灵魂，人若失去了灵魂，也就失去了存在的意义。胡锦涛同志对军人核心价值观提出的五项要求，第一条就是忠诚于党，没有这一条，不仅对国家对军队无益，更谈不上个人的理想与前途。

张国焘曾是党的“一大”代表，资格很老。但他最大的毛病就是权力欲特别强，喜欢当老大，不愿意当老二，习惯个人说了算，不然就闹别扭，搞分裂。长征路上，当一、四方面军在川陕地区会师时，中央红军只剩下2万多人，张国焘领导的红军有8万多人。张国焘仗着枪多人多，认为红军都应该听他指挥，便向党中央要权。

开始，中央考虑到他的资历和实力，把周恩来担任的红军总政委职务让他当。但张国焘仍不满足，要掌握全党全军更大的权利，竟然另立了一个党中央。党中央一方面批评教育他，多次给他改过自新的机会，但他最后竟以武力相要挟。为了防止发生意外，中央率先领导一、三军团北上，张国焘竟然命令部队追击，想以武力解决。当时红四方面军总指挥徐向前坚决反对，说：“哪有红军打红军的道理！”红四方面军广大官兵坚定地站在党中央一边。

张国焘闹分裂闹到最后，成了孤家寡人，就连跟随他多年的警卫员张海也不跟他走。张海说：“我是你的警卫员，这是党交给我的任务，在战场上为了保护你的安全，我牺牲了都可以。但我是参加革命的战士，如果你要叛变，我绝对不跟你走。”无奈张国焘只身一人逃到武汉，投入国民党的阵营。

后来，张国焘虽十分卖力为国民党效力，为军统培养训练了一大批专门对付共产党和边区的特务，但蒋介石始终对张国焘是既利用，又提防。以后几年，张只是坐冷板凳和受气，甚至在逃往台湾时，蒋介石还特别指示毛人凤，让他劝说张国焘留下。原因是共产党胜利了，中共叛徒决不会再死心塌地跟着国民党走，让他们去台湾，只能增加负担。

可见，不忠诚于组织的人，很难再取信于人。如果一名员工身在曹营心在汉，这山望着那山高，频繁地跳槽，盲目地换工作，对企业、对自己都会造成伤害，而员工自身受到的损害会更严重。因为跳来跳去，他们往往对自己的需求没能认真思考，对自己的奋斗目标缺少清醒的认识，也不能正确选择自己的发展方向。最后，不仅个人资源积累越来越少，自身价值也会越来越低。

某高校一名大学生毕业后在一所中学教英语。干了两年后，他觉得当教师既辛苦赚钱又不多，看到原来的同学有不少在外企，交际广、见识多，赚钱也多，很是羡慕，便提出辞职。校长极力挽留，他死活不干，终于离开了学校跳槽到一家外企公司当促销员。他觉得这项工作很适合自己的个性，干好了可以挣五六千元。上岗不久，他发现这项工作不好干，头三天就碰了几个钉子，到处跑不说，还要低三下四地找人拉客户，他只干了一个星期就不干了。

后来有一家公司看中他外语不错，能言善辩，性格外向，便请他做公司代理，推销产品。在这家公司他干了3年多，期间他利用公司的关系网认识了许多客户。有一家公司提出聘请他去做副总经理，他从自己的利益前途考虑，抓住机会又跳了槽。原本想过一把当官的瘾，但干起来并不那么容易。当上副总后开始很神气，但要处理的事太多了，一天要干十几个小时，有些事还办不好。他开始认识到搞好一个公司没有一点真本事还真不行，干了一段时间工作没有起色，便主动打了退堂鼓。

随后，他又来到人才市场转悠，选中了一家公司填写了"求职登记表"，但招聘单位人事主管看到他频频跳槽的"丰富"经历后，摇了摇头没说一句话。终于，面对失业和众多冷眼，他开始为自己的草率跳槽而后悔莫及。

这位大学生毕业5年跳槽4次，4次被录用，说明他是有点本事的，但跳槽多了，也从一个侧面说明这个人工作不扎实，对企业缺乏诚意。任何聪明的老板都知道，不忠诚的人是不能重用的。

有人说，"此处不留爷，自有留爷处。"故此在跳槽时都很潇洒，但是真正面对新的工作时又是如此无奈。一个频繁转换工作的人，在经历了多次跳槽后，发现自己不知不觉中形成了一种习惯：工作中遇到困难想跳槽；人际关系紧张也想跳槽；看见赚钱多的单位想跳槽；有时甚至莫名其妙就想跳槽，总觉得下一个工作才是最好的，似乎一切问题都可以用转移阵地来解决。久而久之，就丧失了成就事业最宝贵的忠诚和敬业精神，变得心浮气躁，凡事浅尝辄止，知难而退，这山望着那山高，空有远大理想，无心执著追求，最终一事无成。

有一种忠诚叫做责任

生活在和平年代的军人，或许没有机会用面对敌人的枪林弹雨来检验自己的忠诚，无法用面对刺刀时的肉搏来表现自己的忠诚；但“忠诚”二字有着新的内涵，那就是对自己使命的绝对忠诚。

从穿上军装的那一天起，就要随时准备打仗，这是一个军人的使命。使命，一个神圣的字眼，一份厚重的责任。对军人来说，使命重于泰山；对军人来说，使命高于生命。忠实履行使命，是军人的天职。

在98抗洪部队里曾经流传着这样一个故事：为了躲避洪峰，一位被迫转移的老母亲无意中看到了正在参加抗洪抢险的儿子。望着自己阔别了整整三年的儿子，老母亲多想能够上前拉住儿子的手，说上几句贴心的话。可是，无论她怎么呼唤，儿子只回头望了她一眼，就与部队一起冲向了抗洪大堤，没有和她说上一句话。老母亲流泪了，她怎么也不能接受，养育了十八年的儿子，竟然会不认自己的亲妈！后来，这位战士在家书中写道：亲爱的妈妈，请原谅我！险情重于泰山。因为我穿着军装，带着军徽，我首先是共和国的一名军人，是一名共产党员，其次才是您的儿子！

其实，在许多公司中，并不缺少具有非凡才干的人才，缺少的只是负责任的员工。一个真正负责任的员工，会把自己的责任当做使命看待，并且忠诚于自己的使命。这样的员工总会忠于职守，竭尽全力地完成自己的使命。

发生在2008年的那场四川省汶川大地震曾经牵动着无数国人的心，也促使人们开始思索：为什么学校成了地震的重灾区？在众多受到重创的学校中，为什么刘汉希望小学、安县桑枣中学这两所学校安然无恙？接下来的事实告诉人们，这个奇迹很大程度上归功于学校建筑设计者、施工人员、质检人员，是他们用高度的责任心挽救了无数鲜活的生命。

2006年中央电视台有一档节目中，李嘉诚与多位中国企业家交流，谈话中最令人激动的不是企业战略，也不是商业模式，更不是资本运营，而是责任心，一个企业家和管理者的责任心。当时，浙江华立集团董事局主席汪力成在接受采访时激动地说："企业问题很多的时候，情绪烦乱，自杀的心都有。"主持人笑着问："怎么没有自杀呢？"汪力成也笑着说："一想到家庭、想到公司那么多的员工，自己的动力就又来了。"

可见，责任心在企业家心目中是何等重要。有责任心、有忠诚度的人，不仅在应聘时能够获得单位青睐，走上职场后也容易赢得晋升的机会。

所以松下幸之助说："责任心是一个人成功的关键。对自己的行为负责并勇于承担这些行为的后果，这种素质不仅是企业最基本的需要，即使到社会上，这样的人也大受欢迎。"

反之，一个没有责任心的员工，纵使有再多的知识、再有才华、也难以创造价值，更难以把责任化为忠诚，而没有责任心的人更谈不上什么忠诚。

带队伍就是带作风

第二章

无私奉献

无私奉献的精神就是献身精神，是一种崇高的思想境界。世界上凡是有战斗力的团队，都是有奉献精神的团队，凡是有所作为的人，都是勇于奉献的人。

奉献是军人的使命

中国人民解放军是人民的伟大军队，为了人民而无私奉献是它的光荣使命，所焕发出来的力量是不可战胜的。正如解放军军歌所唱的那样，“我们的队伍像太阳，脚踏着祖国的大地，背负着民族的希望，我们是工农的子弟，我们是一支不可战胜的力量”。可以说，人民军队80多年的光辉历程，就是献身神圣使命的历程，就是无私奉献的历程。

解放军官兵的奉献精神，是建立在为党、为人民服务的基础之上的。《中国人民解放军誓词》明确要求，人民军队官兵要“忠于职守，努力工作，勇于献身”，充分体现出人民军队的优秀品质。

毛泽东指出：“我们都是来自五湖四海，为了一个共同的革命目标走到一起来了，我们这个队伍完全是为着解放人民的，是彻底地为人民的利益而奋斗，而工作的。”为了实现共同的革命目标，人民军队付出了重大的代价，据统计，仅在为建立新中国的伟大革命斗争中，就有280万人献出了宝贵的生命。

毛泽东创立井冈山革命根据地以后，红军最多的时候有30万人。由于“左倾路线”的影响，导致第五次“反围剿”遭到失败，红军损失了20万人，最后只剩下10万人，被迫进行了称为“长征”的战略大转移。突破湘江封锁线的时候，在几十万敌军围攻下，一战就牺牲了几万人。长征过来的老同志回忆说：当时湘江的水都被染红了。中央红军经过长征到达陕北后，仅剩下8000多人。

湖北有个红安县，是红四方面军的诞生地，20世纪30年代，全县有40多万人口，就有3万人参加了红军，后来增加到10多万。当时流传着一首歌谣："小小黄安，人人好汉。铜锣一响，四十八万，男将打仗，女将送饭。"（黄安即今日的红安）也就是说，全县几乎挨家挨户都有人参加红军。

笔者曾有机会多次到过红安县革命老区，访问过许多健在的红军老战士，战争在他们身上几乎都留下了永难磨灭的伤疤。有的因为弹片打在身体要害部位难以取出，只能终身留在体内。曾经当过红军团长的方和明，战争中受了伤，新中国建立后组织上安排他进休养所，但他主动要求回家种地。他常说："军人的职业就是为人民打江山，革命胜利了，人民过上了好日子，我也过上了好日子，人民在为建设祖国做贡献，我也一样可以做贡献。"在红安，有许许多多像方和明一样的老红军，他们无私奉献的精神，被人们称赞为"红安精神"。

上甘岭战役是美国西点军校学习的世界最著名战例之一。让美国人百思不解的是，在朝鲜战场上，为什么中国士兵不怕苦不怕死？前沿阵地上，经常是一两个残缺的连队对抗一两个齐装满员的团，而且几乎没有炮火支援，弹药也常常补充不上……志愿军在零下26摄氏度穿着单衣在瑟瑟寒风中一动不动，他们中的每个人甚至时刻准备着拎着炸药包和敌人同归于尽……

这就是人民的军队——他们从不和自己的祖国提任何要求，决不会因为没有空中支援放弃进攻，决不会埋怨炮火不足，决不会抱怨没有足够的给养，只要一息尚存，就绝不放弃自己的阵地。

毛泽东同志曾形象地说，抗美援朝战争中美国人钢多气少，而我们钢少气多。解放军将士勇敢战斗、不怕牺牲、勇于奉献的精神，弥补了解放军所缺的“钢”，最终取得了抗美援朝战争的胜利。

为了人民，为了祖国，解放军官兵能够奉献一切，献出生命，这说明了什么呢？还是毛泽东说得好，“我们这个队伍是完全为着解放人民的，是彻底地为人民的利益而工作的。”这是解放军的宗旨，也是军人无私奉献的毕生追求。

舍弃小我，成就大家

解放军是人民的军队，为人民服务是这个军队的唯一宗旨，也是每个军人的神圣职责，所以他们在任何时候，任何情况下都能做到全心全意为人民服务，无私奉献为人民。

无论是在革命战争年代，还是在和平时期，解放军都以国家、集体或组织的利益为先，他们舍弃小我，成就大家，把个人的理想抱负和价值追求，融入到军人的使命之中去。

在和平时期，解放军不必常常经受生死的考验，却免不了会遇到各种艰难困苦。在非作战军事行动中，如地震灾害、森林大火、洪水泛滥、山体滑坡等突发事件，这些自然灾害一旦发生，就会危及千百万人的生命财产安全。新中国建立以来的邢台地震、唐山大地震、长江中下游特大洪水、东北森林大火、汶川大地震、玉树泥石流等许多特大灾害，每次军队出动兵力少则几万人，多则达到十几万、几十万人，成为抗击自然灾害的主力军。

1998年8月，我国长江流域和东北三江地区都遭到百年不遇的洪涝灾害。“塔山英雄团”九连一班的战士奔赴荆江大堤，冒着高温在烈日下抢险。

扛泥包和沙袋是最重最累的活，战士李向群坚持干了一天后，中暑又感冒，高烧40多度，被送到卫生队输液，但想到大堤险情还没排除，他毅然拔掉针头，又冲上了大堤。指导员发现了他，大声吼道："你还要不要命啦？赶快回去！"但李向群请求指导员，坚持留在了大堤上。当他扛到第20包沙袋时，一头倒在大堤上，口吐鲜血昏死过去，经抢救再也没有醒过来，牺牲时年仅20岁。中央军委授予他"新时期英雄战士"的荣誉称号，成为和平时期无私奉献的光辉榜样。

南沙群岛上几乎没有房屋，都是用钢、木架起的小棚子，战士们把小棚子称为"高脚屋"，边防战士们就常年驻守在孤岛的"高脚屋"上。这里一年四季没有冬天，最低温度在20度左右，最高温达50多度，由于海水盐分太高，不仅不能喝，也不能洗衣服，洗澡就更不行了。战士们的食用水都是从大陆内地运去的，一个人一天只能分到一桶，喝水都要省着喝，洗脸刷牙不敢用香皂、牙膏，以便可以连续用水或用来洗澡、浇花。

有一次内地文工团上南沙群岛慰问演出，战士们都穿着短裤，光着背扛文体器材，肩膀上磨掉了层皮，演员们很吃惊，战士们说："一干活衣服就湿了，湿了没有水洗，为节约有限的淡水，只好这样做！"许多演员听后直掉眼泪。

南沙群岛周围几个南亚国家，时刻想吞并小岛，几十年来，曾发生多次为岛屿争端而引发的战斗，最大的一次是和越南发生冲突。在那次海战中，边防战士仅凭手中的轻武器和手榴弹就把敌人赶下大海。由于边防部队人少，有的只是轻武器，所以每次冲突都面临着牺牲的危险，但驻守在南沙群岛的战士们说，我们什么都不怕，什么苦都能吃，但最难受的是寂寞，"白天看太阳，晚上数星星"。有一位战士从大陆内地带来了一只心爱的狼狗做伴，几个月后这条狗就变成了疯狗，跳海自杀。

就是这样的无私奉献精神，成就了人民解放军，使之成为一支战无不胜的伟大军队。

企业家柳传志在总结企业的成功经验时，说了这么一段话："20世纪90年代以前，在中国创业和在外国创业有很大不同，早期在中国创业如果没有奉献精神，创业实际很难成功。如果我比别人多一点什么的话，就多了点这种精神。"

他认为，奉献精神，是联想能够成功的主要原因，这反映在管理企业上就成了死拼和果敢。回忆起创业早期，柳传志说："在1985年，我们刚刚起家时，没有奖金，几个月后才有二三十元的奖金，我们当时没有想到它联想集团以后会是一个年营业额十亿人民币的集团的前身，为了当时的生存，我们有的同志在繁重体力劳动中累晕了过去，有的同志累得成天直不起腰，有的在滂沱大雨中跑业务，掉到了深水里，差点送命。当时没有名、没有利，受过不知多少次的羞辱，我们从研究室的助研、副研的位置上下来，去踏一条充满荆棘的道路，这是为什么？这就是我们的队伍。"

企业发展壮大以后，柳传志告诫员工，如果没有奉献和牺牲精神，企业很容易出三种问题：一种是把不该得的，随手归到自己包里，归大了就犯了法。第二种是在合法的外衣下想办法谋私利。第三种是用人唯亲。

可以说，事业的成功在于奉献，否则一个人再有本事，不愿意奉献他人，不愿意服务社会，最终也无法走向成功。

人生因奉献而美丽

著名文学家鲁迅说过："有的人虽然活着，但他已经死了，有的人虽然死了，但他还活着。"永远活着的人，就是具有无私奉献精神的人。

当年，雷锋、王杰、刘英俊，欧阳海等众多英雄模范，都是普通战士，但在人民需要的时候，他们默默奉献了自己的一切，从而实现了伟大的人生价值。

时代发展到今天，卓越的成功人士都把"献爱心"和"奉献社会"作为自己美好人生的最高境界。

2008年5月发生的汶川大地震灾情之惨烈，震惊世界。在央视赈灾晚会上，中央电视台主持人倪萍当场捐献100万元，被称为"最美丽的主持人"。比她有钱的人多的是，但慷慨解囊的不多，倪萍用一颗善良的心，奉献出了一份最温暖的爱，令人肃然起敬！

在社会需要的时候，在患难同胞处于生死存亡的时候，许多企业家也纷纷慷慨解囊。"中国饮料第一罐"王老吉同样捐出了高达一亿元的赈灾款。据知情人说，王老吉的老板把流动资金几乎用完了。"王老吉"感动了社会，社会给予"王老吉"丰厚的回馈。在随后的时间里，人们都争先恐后买王老吉饮料，都说王老吉的饮料好喝。其实好喝的饮料并非只有王老吉一种，而是王老吉感动了社会，让人们感到这个企业值得信任和尊重。有许多人说，王老吉支持了灾区人民，我们也要支持这家企业，这就是奉献精神的“广告效应”。

天津荣程联合钢铁集团有限公司董事长张祥青在央视赈灾晚会上语惊四座。他高举3000万元捐赠牌子大喊道：“我刚才和我太太商量，再追加捐款7000万元，给孩子们建震不垮的学校！”很多人想不到他是个孤儿，在唐山地震中失去了所有亲人。30多年过去了，他成为一个成功的企业家，有了几个亿的资产。记者问他为什么这么做，他说，我是经历过地震活下来的人，当时没有别人的救助和奉献，就没有我的今天。人人为我，我为人人，这就是我的人生价值观。

可以说，凡是有机会参加这场抗震救灾的人，凡是为灾区人民做出过奉献的人，在人生中都留下了一段美好的回忆。

当今社会，许多大公司的员工拥有渊博的知识，熟练的工作技能，又受过专门的培训，有着一份令人羡慕的工作，拿着一份不菲的工资。但他们中许多人并不快乐，只是为了生存，为了赚钱，精神紧张，有的未老先衰，有的患上各种疾病。如果尝试转变一下自己的人生视角，脱离完全围着个人转的小圈子，为社会做点什么，为他人做点什么，在奉献中发光、发热，那么就会觉得人生有意义有价值。而当我们觉得自己有价值的时候、自然就会更加快乐。

带队伍就是带作风

第三章

英勇顽强

一不怕苦、二不怕死，是英勇顽强精神的核心内容。毛泽东曾经把这种精神概括为“不怕牺牲，不怕疲劳和连续作战(即在短期内不休息地接连打几仗)的作风”,将其列为著名的“十大军事原则”之一,并且指出:“如果一个革命的人民和军队不怕痛苦，不折不挠的英勇地反抗敌人，他们一定会胜利的。”战争年代，解放军依靠这种精神，战胜了各类敌人；和平时期，解放军依靠这种精神，克服了重重困难，谱写了光辉篇章。

敢拼才能赢

英勇顽强，是意志和毅力的较量，为什么人民解放军能够战胜一切敌人，克服一切艰难险阻，以压倒一切敌人的气势而著称于世，为什么官兵在战场上面对强敌毫不畏惧，都是因为具有这种无敌的力量。

新中国建立之初，人民海军刚组建不久，不可谓不弱小。台湾国民党海军依仗美国的势力，不断派遣舰艇侵犯大陆沿海地区，骚扰渔民作业，向我海军挑衅。毛泽东说，炮击金门，给了蒋介石一点教训，看来教训还不够，还要再给他点颜色看看！

1965年8月6日凌晨，台湾海军“章江”号和“剑门”号舰艇闯进东山岛附近渔场，正在此地巡逻的海军东海舰队611艇和兄弟艇随即做好了迎战准备。611艇轮机兵麦贤得站在主机操纵台前，两眼紧盯着仪表，双手紧握操纵杆，脑子里只有一个信念：保障电机正常运转就是保障战斗的胜利！

解放军采取分而治之的战术，首先围住“章江”号一顿猛轰，不一会儿，“章江”号就燃起了熊熊大火。这时，611艇后主机却突然意外地停车了！“主机一停转，战艇就不能前进，战斗就会受到直接影响。”这是海军官兵都熟知的常识。麦贤得赶忙顺着熟悉的通道摸过去。就在这时，敌舰的两颗飞弹穿过机舱，随着爆炸的巨响，机舱内弹片四溅。一块弹片打进了麦贤得的右前额，插到左侧靠近太阳穴的额叶里，像一把烧热的烙铁穿进头颅，脑浆顿时流了出来，疼痛无比，天旋地转，他顿时失去了知觉，跌倒在机舱里。经战友们紧急包扎，麦贤得恢复了一点知觉。他不顾战友们的劝阻，以惊人的毅力一步一步往前机舱爬去。额头上的鲜血粘住了眼角的睫毛，使他视线模糊。但是，凭着平时练就的一手“夜老虎”硬功夫，在剧烈摇摆的机舱里，他艰难地摸索着检查一根根管路、一个个阀门、一颗颗螺丝钉，最后终于在几台机器、几十条管路、几百个螺丝里，检查出一个只有拇指大的被震松了的油阀螺丝，并顽强地用扳手把螺丝拧紧，机器又正常运转起来了。

就这样，麦贤得整整坚持战斗了3个小时，直到敌舰“章江”号和“剑门”号先后葬身大海，战斗胜利结束。战后，贺龙、叶剑英元帅接见麦贤德，称赞他是“钢铁战士”。

1965年“八•六”海战，是人民海军建立后与国民党海军打的第一仗，这一仗，全歼国民党主力舰两艘，取得了巨大胜利，教训了国民党军，从此以后，国民党海军再也不敢轻易侵犯大陆沿海。

不仅在战场上需要发扬猛打、猛冲、猛追的战斗作风，在竞争激烈的商场上同样需要如此。

军人出身的倪润峰1985年执掌长虹。刚上任时，他遇到的第一个挑战就是彩电大楼项目是上马还是下马？按说从这一项目的各方面来看，全国自动化程度最高、产量最大的103彩电生产线，年单班生产能力36万台，如能建成将是中国彩电业的一个突破，很难有人不看好的。但是，项目刚破土动工没几天，就赶上了国家的宏观调控，紧缩银根，于是工程的计划拨款和贷款在一夜间全化为了泡影。怎么办？不干，会错过一次机遇；干吧，难度实在太大。此时的倪润峰拿出军人的豪气说：干！

掌门人的坚定决心，很快转化为全体员工的共同行动。3个月，将近100个日夜，倪润峰马不停蹄地奔波于成都、北京、绵阳之间，2000多万元资金终于有了着落。有了资金，但还有很大的缺口。为了节省，倪润峰同厂里的职工一道，下班后抬扛工件，安装设备。很快，一些职工开始吃不消了；身体不好的，累病了一批；意志不坚强的，累哭了一批。众人又把目光投向了倪润峰。他发出了这样的誓言：“累病了，送医院，好好疗养；累哭了，缺乏锻炼，咱们一起干。”

靠着军人的拼劲，以惊人的毅力，倪润峰率领全厂战胜了难关，一年后，一座冠盖全国的10层彩电大楼拔地而起，而为这座大楼奠基的“拼搏精神”，也成为“长虹精神”的最强写照。

在共和国60多年的发展史上，大庆精神、铁人精神、载人航天精神和青藏铁路建设精神，都是军人英勇顽强、不怕疲劳、连续作战的战斗精神在不同时期、不同行业的展现。有了这种精神，无论遇到再艰巨的困难，再艰巨的任务，都会攻无不克、战无不胜。

坚定而不屈服地进行到底

在战场上，不仅是武器的较量，也是毅力的较量。胜利的取得，往往就在最后一刻的坚持之中。有时候，双方势均力敌或者敌强我弱，究竟谁能取得胜利，关键是看谁有耐力，谁有毅力，谁能挺住！

1936年，毛泽东在延安会见美国友好人士斯诺时，特别谈到了红一军团夺取大渡河的战斗，他说："强渡大渡河是长征途中最关键的事件。如果在那里失败了，它就很可能被消灭。这种命运，在历史上早有先例。"

在这一场艰险、激烈的关键战斗中，人民军队所表现出来的无比英勇的精神，可谓空前绝后。当时，红军要夺桥，国民党白军也要夺桥，双方距离泸定桥都是100多公里，谁先赶到泸定桥，主动权就掌握在谁手里，这是一场比毅力、比坚韧、比顽强的战斗。

泸定桥由13根铁索组成，其中9根作底索，上铺桥板，其余4根均分两边作扶手。桥长101.67米，宽约3米。整个铁索桥悬空于距河面30多米高的高空。

为了"和敌人抢时间"，红4团的官兵们在满是荆棘、砾石的峡谷山路上飞奔。饿了，嚼生米；渴了，喝凉水；鞋坏了，赤脚跑。凭着坚忍不拔的忍耐精神强行。天黑以后，又下起大雨，山路泥泞，更加难走。有的跌倒了爬起来继续跑！有的困极了拉着战友的衣服跑！有的把受伤的战士捆在自己身上跑！红军战士把忍耐精神发挥到了极限。为了跑得更快，团领导命令，全团把所有重武器、牲口、行李等全部留下，点起火把轻装前进。

每逢对岸敌人隔河询问时，红4团便让已经熟悉敌人联络号音和信号的司号员按敌人的信号与其联络，还精心挑选了一些四川籍战士和一些俘虏回答对方的问话。经过如此一番精心安排，成功地瞒过了敌军，与敌军夹河行进10多公里而没有暴露自己。午夜，对岸的火把熄灭了，经吹号联络，敌人回答："宿营休息了。"红军就打着火把继续前进。敌军累了躺下睡大觉，红军累了强忍疲劳继续前进。整整一昼夜，红4团连续强行军120公里，终于在规定时间赶到泸定桥，并占领了西岸和西桥头。

红4团到达时，川军刘文辉部第38团已经陆续进至泸定县城，扼守桥头，并拆除了桥西大半截木板，桥上只剩下13根光滑的铁索，不要说是爬上铁索过河，就是看一眼都头晕目眩。红4团紧急开会后，挑选了22名共产党员和积极分子组成突击队，由2连连长廖大珠任突击队长。每人配备1把马刀，1支冲锋枪和12颗手榴弹。3连担任第二梯队，任务是紧随突击队，一边冲击，一边铺桥板。

1936年5月29日下午5时总攻开始，全团数十名司号员一齐吹响冲锋号。刹那间，泸定河谷枪弹疾风骤雨，喊杀声震天动地。22名突击队员在火力掩护下冲上悬空摇晃不止的铁索，向对岸爬去。面对攀踏着铁索而来的红军战士，对岸的川军呆若木鸡，一时竟不知道该做什么，直到红军突击队员爬出一段距离，才开始放枪。敌人轻重机枪射出的子弹打得铁索火星四溅。勇士们爬过铁索中段，动作越来越熟练，前进速度不断加快，距离对岸桥头越来越近。对岸工事中的川军已经被红军战士的无畏气概震得目瞪口呆，完全丧失了抵抗之力。川军又放"火"抵挡，但解放军突击队员勇敢地冲进了火海，把敌人打得七零八落，仓皇逃窜，最终夺得了战斗的胜利。

决不放弃，胜利也就随之到来。人类所有的成功，几乎都是坚持的结果；人类所有的竞技，几乎都是坚持的较量；人类所有的创造，几乎都是坚持的作用。坚持，就是将一种状态，一种心情，一种信念或是一种精神，坚定而不动摇地、坚韧而不妥协地、坚定而不屈服地进行到底。

最绝望的时候，就快到曙光的时候了，永远别放弃。无论是军人，还是职场中的员工，永不放弃的坚韧品格都是不可或缺的，否则一次的失败，就会让一个人一蹶不振，走向沉沦。放弃就是最大的失败。

有人问中国首富，有着18年军旅生涯的企业家王健林：你成功的秘诀是什么？他说："坚持！凡是成功的企业家或者卓越的企业家都极有生命力，什么意思呢？自己相信自己这个故事，相信我能做成，失败五次、十次甚至更多次也不怕，接着再弄，接着再干，还真就获得成功，这个路上就站起来了。如果没有这种坚持精神、锲而不舍的精神，没有这种执著，或者说太容易放弃了，是不可能成功的，所以就这两点，敢闯，坚持，肯定成功。"

万达集团要求早上8点半上班，但是大多数员工7点半已经到了，因为迟到在这家公司是件很可耻的事情，"昨晚陪客户喝酒到凌晨3点"从来不构成理由。但是从来没有人会抱怨王健林用人太狠，因为他对自己才是最狠的。如果不出差，他每天坚持7点20分就到公司，一年工作360天，只有过年休息5天，其他时间都在工作，基本没有娱乐。这也是解放军的重要特点之一，领军人物都是体力、智力的楷模，永远冲在最前线。

马丁•路德有一句话将坚持的境界表达得更为感人：即使这世界明天就要毁灭，我今天仍要种下一株小苹果树！十年树木，百年树人，在世界末日的前一天还要种下一棵小苹果树，这已经彻底地超越了种树的功利目的，一切只为了那一个过程，或者说是为了一种心情，一种精神，一种力量。这是坚持最让人震撼的诠释，震撼力的核心就在于那个执著的过程。

狭路相逢勇者胜

美国的军事家至今也想不通，小小的上甘岭，凭什么攻不破？志愿军凭什么能阻挡住6万多“联合国军”的轮番冲击，何以能应对美式大炮、飞机和坦克190多万发炮弹、5000多枚航弹的轮番轰炸？他们用电脑模拟得出结论，凭借美军强大的机械化装备，中国军队的两个主力师无论如何是抵挡不住的。可是中国军队却做到了，这在战争史上是一个奇迹。

这场被西方国家称为东方“凡尔登”的战役，日消耗弹药量超过了第二次世界大战，其惨烈程度举世罕见。当时，敌我双方僵持在三八线附近，朝鲜停战谈判已经开始。但美国人天真地设想只用一天就结束战斗，以此在谈判桌上多捞到些好处。

1952年10月14日，美军320门火炮和27辆坦克同时向上甘岭高地猛轰，仅炮弹就轰出了30万发，航空炸弹投下500余枚！上甘岭战役打响了！平均每秒钟有6发炮弹落在中国军队两个连队的阵地上，弹落处碎石满天飞，钢片如雨，天上是百余架轰炸机、强击机轮番轰炸，重磅炸弹啸叫着冲下来将花岗岩炸成碎粉末、凝固汽油弹烧得山头烈焰冲天。短短一天时间，上甘岭山头就被削低两米，坚硬的石头山被炸成石屑山，往日用钢钎都打不动的岩石现在一脚踩下去就直没膝头。

“地狱！”所有经历过了第一天炮击的中国士兵，都用了同一个词来形容炮火的猛烈程度。坑道里，几乎所有的中国战士都被震得满嘴流血，感觉错乱，有的战士甚至被活活震死。与此对应，2个中国连队则打掉了40万发子弹，近万枚手雷、手榴弹，几乎消耗光了所有战前储备弹药，打坏了10挺机枪、62支冲锋枪、90支步枪，损坏武器占2个连队全部装备总数百分之八十以上，其惨烈可想而知。

在艰苦的阵地上，许多战士喝不到一滴水，只好用互相喝尿来解除难忍的干渴，官兵们还乐观地称之为“光荣茶”。战士们把饼干放入嘴里能把舌头割破，人丹放在嘴里竟化不了。由于医疗条件差，许多伤员牺牲在坑道中。有一个坑道，十多名战士直到饿死，还端着冲锋枪守在坑道口……

为了夺取上甘岭，美军动用了美7师、韩2师、空降团、韩6师，及联合国军多国部队共计6万多人，使用了飞机、坦克、大炮等现代化武器，打了43天，付出了25000多人生命的代价，还是失败了，为什么失败？用美国人自己的话说：“中国军队太厉害了！”美国人说的是实话，这些光辉的战绩，是志愿军战士用英勇顽强的精神拼出来的！

孙子明是上甘岭战役中与敌人同归于尽的第一人，随后有38人和孙子明一样扛着炸药包冲入敌群。黄继光是用胸膛堵枪眼的英雄，为了炸掉敌人的碉堡，上去了3个爆破组，9人中有8人牺牲，黄继光是最后一个，当时他的右腿被炸断，身上七处受伤，他以血肉之躯为部队打开了冲锋的道路。牛保才是通信兵，阵地上的电线被炸断后，他以伤残的身体做导线，保障了通信联络畅通，最后壮烈牺牲。胡修道是个新兵，他只身在阵地上坚守了一天，扔出了十几箱手榴弹，打出了几千发子弹，击退了敌人41次冲锋，歼敌200多人。于树昌是步谈机报话员，白天冒着敌人密集炮火，为我军炮兵指示打击目标，最后阵地上剩下他一个人，面对冲上来的敌人，他呼叫炮兵“向我开炮”，使敌人葬身于火海……

西方记者见证了这一幕幕镜头，感慨地说：“美军在东方终于碰到了最强硬的对手。”据观察所报告，一天下来，美军拉走的尸体就有十几卡车。

美国随军记者威尔逊惊恐地向国内报告了他看到的情景：“美军一个连长点名，下面答‘到’的只有1名上士和1名列兵。”美联社记者伦多夫报道说：“那些出发时兵员足额的部属，今晨回来时，只剩下几个少得可怜的残余。那些最精干最勇敢的军官们看到这样惊人的损失，都哭了起来。”某记者惊呼：“用原子弹也不能把爸爸山（五圣山）上的中国军队消灭光。”美国空降兵187团是二战中最能打仗的部队，为表示决一死战，士兵们一排一排用绳子拴住胳膊，跟拴蚂蚱似的串成串，集体往前冲。这时两名中国志愿军分别端着并联的爆破筒，在瓢泼般扑来的弹雨中摇摇晃晃地栽向美国蚂蚱群中……最后，这支王牌军竟然被解放军打残废了。

上甘岭打到最后一天，战场突然安静下来，15军军长秦基伟蹲在指挥所里一夜没有合眼，一位参谋报告说：“敌人没放一枪一炮，也不见一个人影。”秦基伟听了笑了起来，他说：“看来美军不想打了，他既然服气了，那就算了吧！”上甘岭一战，美国人终于低下头来，此后，美军再也没有发动过营以上规模的进攻。

按照西方人的标准，要想成为强国，你必须击败过另一个强国的军队。也正是从上甘岭战役胜利起，中国军队开始在军事上赢得了美国和西方国家的尊重。今天，美国军事学院教科书中唯一的中国战例就是上甘岭战役。

商场开疆拓土就如同战士上阵杀敌一样,一样要讲究勇、快、准、狠的原则,要像秋风扫落叶一样。中国有句俗话:“狭路相逢勇者胜”,谁具备了这种精神,谁就能取得胜利,获得成功。

年逾四十时,柳传志怀揣产业报国的梦想下海经商,靠做代理商起家。当时,联想汉卡已经初战告捷,他决心向着代理IBM微机的路走下去。可是,没有“进口许可证”,什么都行不通。他只好找到香港中银集团的计算机总部,硬着头皮求人家,受过冷面孔,尝过闭门羹,尝尽了人间冷暖,硬是把12台IBM微机的第一单代理生意做成了。

万万没想到,由于没有正式签署法律协议文件,利润分配时,“中银”方面扣除了2万美元。柳传志傻了:这抵得上全体员工一年的工资了!公司面临的是破产和倒闭。他决定亲自到香港去讨个说法。由于无法通过口岸,到了深圳就再也走不动了。为了节省钱,他在大街上走了很久,才在一个偏僻的角落里找到一个小旅馆住下来。

在脏兮兮的床单上,柳传志铺开稿纸,开始给香港中银的领导写信,他动情地回顾了公司全体员工为了这份订单的艰辛付出:有人高烧39度还在外面跑客户;有人为了节省开支,一天步行8～9个小时在外面办理相关手续;还有的员工冒雨到机场接香港来的客户,舍不得花钱坐出租车,就趟水向公共汽车站赶,失足掉进没有盖的水井里差点淹死;还有一位员工为拿到“进口许可证”从上午9点跑到下午5点,在北京城的东边到西边跑了两个来回,终于拿到“许可证”时,腿一软从五楼滚到四楼,摔得遍体鳞伤。

他越写越动情:这么一群人拼了性命不要,还不是为了让这个公司能够顺利地成长起来？还不是通过经商来实现知识分子爱国的抱负？还不是追求在这个风起云涌的信息时代中国不再落后？

这一番发自肺腑的倾诉，最终打动了香港中银的上层领导，2万美元一分不少都退给了联想。正是这种勇敢顽强的精神，帮助联想渡过一个个难关，实现了今天的辉煌。

宝剑锋从磨砺出

苦难不仅是一种煎熬，更是一种磨炼，铁杵磨成针，滴水能穿石，都是磨炼的结果。一个政党，一个团体，一个企业，一个人都莫过如此，只有经过百般磨炼才能凤凰涅槃。

1984年，武警某部团政委丁晓兵在西南边境执行抓捕敌特任务时，不幸被敌人的手雷炸伤失去右臂，但他带伤坚持完成了任务。由于表现英勇，丁晓兵当年就被授予全国边陲优秀儿女金质奖章，被公认为独臂英雄。那时他入伍仅一年，还不满20岁。

安徽省领导看中了丁晓兵，请他出任省残疾人福利基金会常务副理事长，待遇是副厅级。丁晓兵说："老一代军人余秋里、钟赤兵都是独臂将军，他们能挺过来，我照样能干！"他决心一下，谢绝了家乡领导的好意，回到了连队，在基层一干就是20年。20年风风雨雨，只有一条胳膊，要想当好基层带兵主官，谈何容易！这期间，他从单臂打背包、射击、投手榴弹等动作开始苦练。刚开始练投弹的时候，丁晓兵的成绩只有20多米，他硬是在不到半年的时间里拉断了6根绳子，将成绩提高到50多米。练射击，为了增强单手握枪的稳定性，战士在枪上挂2块砖，他挂3块，战士定型半小时，他坚持做45分钟。顽强的意志，带来的是奇迹般的收获。丁晓兵左手持枪，能打三种武器，打三种姿势，手枪、步枪、冲锋枪，卧姿、跪姿、立姿，特别是立姿射击，优秀射手都很难做到，但丁晓兵一只手却做到了。单杠练习，他单手卷身便上，易如反掌，就连单臂大回环这样的高难度动作，他也常常操演，让围观的战士叹为观止。

从连指导员到团政委，20年中，丁晓兵一共换过5个岗位，经受了各种各样的考验。在每个岗位上，丁晓兵都干得有声有色，他和他所带领的部队累计获得248面奖牌及证书。这些奖牌及证书，真实地记录了丁晓兵自强不息，追求不止的奋斗轨迹。

和丁晓兵朝夕相处的战友们称赞他："在干部面前，他始终是一块样板；在战士面前，他永远是一面旗帜！"

"宝剑锋从磨砺出"，丁晓兵卫国断臂的壮举，以及他以伤残之躯在平凡岗位中的坚守，触动了千万人的心。与成功相伴的，永远是辛勤的汗水和艰苦的锤炼。

青年员工刚到企业工作时决心很大，但干了一段时间以后，有的人工作中遇到了挑战和困难，叫苦叫累，干不长就走了；而有的人却成长为岗位能手，得到重用。这里面的差别就在于能否经得起艰苦的磨砺。

世界著名企业家李嘉诚幼年丧父，家境清贫。14岁初中毕业就走向社会，担负起照顾母亲、抚养弟妹的家庭重担。他获得的第一份工作是在一家玩具制造厂里做推销员，每天奔波16个小时。由于勤勉刻苦，他很快就得到了老板的赏识。20岁时，他被提升为该厂的经理。李嘉诚并未因此而满足，仍然日间做工，夜间上夜校苦读。经过了长达8年的努力，1950年他终于用积攒的5万港元创办了长江塑胶厂，专门生产玩具以及家庭用品，以后又易名为长江实业公司。

20世纪50年代中后期，香港经济开始起飞，李嘉诚抓住了这个机遇，先人一步跨入塑胶花界，在塑胶花热中崭露头脚，继而威风凛然地在国际市场上独占“花魁”；50年代末期，李嘉诚又不声不响地步入地产界；60年代开始崛起于地产高潮中；70年代末期，雄跨地产界，一跃成为亿万富翁。李嘉诚凭借坚强的意志，顽强的拼搏精神，不断拓展自己的事业领域，终于成为不平凡的人，创造了不平凡的业绩。

所以，勇敢顽强可谓比山还重，比钢还强。不管你干什么行业，“英勇顽强”，就是你走向成功道路上的一块“核能源”，固化在你的心中，一有机会就会发挥出巨大的能量，使你千方百计为完成心中的梦想而搏击。

挑战不可能

英勇顽强是一种巨大的精神力量，这种力量不仅能够经受艰难困苦的考验，也能挑战生死与生理的极限。解放军凭借这种精神力量，把“不可能”踩在脚下，创造出了一个又一个的人间奇迹。

在上甘岭战役中，黄继光对敌人碉堡实施爆破时身上七处受伤，右腿被炮弹炸断，身上的血已经流干了，从医学理论上讲他的肌体已进入休克状态。但黄继光挑战生理极限，凭着顽强的毅力扑向敌人的碉堡，用胸膛堵住了机枪眼，这是个奇迹！

新疆某部战士孙广信在军事院校读书时，被推选参加在北京召开的全军运动会，参赛项目是田径400米。20岁的他，预赛中水平在四五名之间，不用说金牌与他无缘，就是铜牌也没什么希望。

比赛前，部队首长来看他，问他：有没有信心？孙广信脱口而出：“我要拿金牌！”别人和他自己都吓了一跳。为了这一句话，孙广信连命都拼上了。比赛开始之前，主教练一再叮嘱他，400米，要合理分配体力；但是别人不知道，他已经把自己逼上了绝路，满脑子想的就是怎么夺金牌！

这时只有一个可能，就是从一开始就冲刺，然后一直坚持到底！他真的这么做了：第一个100米，全力冲刺；第二个100米，跑下来时，整个人的肺几乎都快要炸了。可是他拼命跑第三个100米，第四个100米，当他第一个冲过终点时，意外发生了，他被重重地摔了出去，伤疤至今留在身上。

夺得男子400米冠军的孙广信荣立二等功，之后又四次荣立三等功，被破格提升为正连职军官。

一块看似不可能到手的金牌，给了孙广信无穷无尽的信心和力量，激励着他不断去挑战人生中的每一块金牌。

1989年3月，拿着3200元的复转费，加上东借西凑的3万多元，孙广信同几个部队复转的伙伴创办了自己的企业。“对军人来说，没有拿不下来的山头，没有不敢啃的硬骨头。无论商场还是战场都是一样。”这种理念成为贯穿孙广信创办企业最基础最根本的东西。凭着这股拼命三郎的冲劲，孙广信成为一位成功的企业家。

石缝中的野草，悬崖上的松柏，暴风雨中的海燕……并非具有天生的神力，但是却创造了想象不到的奇迹。这是因为它们具有挑战“不可能”的勇气。今天在我们眼中的许多“不可能”，必将成为日后的寻常事。而真正推动社会进步的，正是那些奋力冲破“不可能”、勇敢挑战人生极限的人。

美国一家人寿保险公司的推销员约翰•吉米，为了说服一所小学购买人寿保险，连续登门找校长69次，一次次地被拒之门外都毫不气馁，校长终于为他的诚心所感动，同意全校学生投保。这种敢于应对挑战的精神，使他后来成为著名的保险推销员。

人在职场中不可能没有压力、变化与挑战，如何面对挑战，有两种不同的态度、不同的理解，也随之产生了不同结果。直面挑战，更能考验一个人的意志与坚强。

有的人虽满腹才学，一旦遇到异常困难的工作，不敢主动发起“进攻”。而有的人，却勇于向“不可能”挑战，在风口浪尖上不会后退，更不会逃避，而是把各种借口都在脚下踩碎，这样的人必定会脱颖而出，获得成功。

“挑战不可能”，黄继光坚持了这一原则，成为战斗英雄；孙广信等著名企业家坚持了这一原则，创造了辉煌的人生业绩；许多企业员工坚持了这一原则，为人生铺平了发展道路。

“海阔任鱼跃，天高任鸟飞”，要想取得成功，都要付出艰辛的努力。古往今来，概莫能外，特别是在当代市场经济条件下，没有一股拼劲，一股韧劲，没有一种顽强的拼博精神，是不会有任何作为的。

带队伍就是带作风

第四章

恪尽职守

恪尽职守是一种战斗精神，也是一种职业道德规范，忠诚、善战、牺牲、自律严纪、守节是恪尽职守的基本要求。具有恪尽职守精神的人，谱写的是光辉的人生，创造的是不平凡的业绩。几十年来，解放军靠着这种综合素质，打造了一支钢铁般的人民军队，铸造了一个又一个顶天立地的伟大战士。

在平凡中见证伟大

军人恪尽职守，既是一种武德观念和行为规范，更是一种实际行动。一名优秀军人，树立了正确观念，养成了良好作风，就要投身于伟大实践。具体地说，就要把平凡的工作作为建功立业的平台，恪尽职守，在其中施展自己的才华，练就过硬的本领。

凡是从军营走出来的军人，都有这样一种宝贵精神。

“中国十大杰出青年”李润虎，把本职工作当做实现自己理想和报效祖国的场所，在士兵的行列里一干就是18年，把一生最宝贵的年华都献给了军队。他虽然只是个普通修理工，但却掌握了20多种兵器的修理技能。李润虎常告诫自己五句话：信念不动摇、踏实干事业、公私讲分明、真诚为他人、生活要俭朴。这些话语算不上豪言壮语，却是一名军人的铮铮誓言。

某部战士龙成祥入伍后想当一名汽车驾驶员，结果组织上分配他去养猪，去当“猪倌”。当他认识到当“猪倌”也是革命的需要后，就一门心思投入到养猪的事业中。他走遍驻地几十里的猪场、防疫站向有经验的养猪户取经，利用探亲的机会向专家咨询，到图书馆查阅养殖资料，并日夜观察猪的习性，最终写出了70万字的笔记和试验数据。他配置的饲料添加剂，使几斤的小猪3个月长到250斤，瘦肉率达到90%。他踏遍驻地60多个县，办班介绍经验，使70%的学员成为养猪大户，帮助驻地50万群众脱贫致富，创造了不平凡的业绩。

先贤老子曾说：“合抱之木，生于毫末；九层之台，起于累土；千里之行，始于足下。”高楼大厦要从一砖一瓦做起，远大志向要从平凡小事做起。在本职岗位上建功立业，最根本的就是要苦干实干，从最平凡的点滴小事做起。

无论是刚刚入伍的新战士，还是在部队多年工作的指挥员，都存在怎样正确对待工作分工问题。一种是对工作挑挑拣拣，处处要求照顾。正像毛泽东说的，有的同志拈轻怕重，一事当前先替自己打算，只要组织照顾，不要组织纪律。另一种就是像雷锋所说的：“革命需要我烧炭，我就做张思德；革命需要我炸碉堡，我就做董存瑞。”毛泽东称赞这种精神为大公无私的精神。

具体到每一个岗位，就像一部机器的零部件和螺丝钉。螺丝钉虽小，但它的地位和作用是不可替代的。雷锋留给我们一句名言：“要做一颗永不生锈的螺丝钉，党把自己拧到哪里，就在哪里闪闪发光。”对于一架飞机，不可能大家都去当飞行员，必须有人搞机务，有人维护场道，有人站岗警戒。不然飞机性能再好，飞行员技术再精，也无法升空作战。

雷锋的螺丝钉精神，突出地表现了他服从组织，忠于职守，兢兢业业，干一行爱一行的恪尽职守的精神。军人在本职岗位上建功立业，就要热爱自己的岗位。每个同志都希望做适合自己兴趣、符合自己未来发展的工作。这种愿望是可以理解的。所以，组织在分配工作时，也会尽量照顾到个人的爱好和特长，做到人尽其才。但是行行都要有人去干，这就需要统筹安排，不可能人人如愿以偿。有的岗位明摆着艰苦，也要有人去干；

有的工作明摆着危险，也要有人去做；有的地方明知道有困难，也要有人去闯。

侯登科是毛主席身边的工作人员，比毛主席大几岁，所以大家都叫他老侯。老侯从红军上井冈山时就给毛主席喂马，当了一辈子马夫。喂马成了他的职业和岗位。1936年10月，红军到达延安后，仍是当马夫。中央撤离延安转战陕北期间，老侯一直牵着马跟着毛主席。马走了多少里路，老侯就跟着走了多少里。雨雪天，为了毛主席的衣服和被褥不被淋湿，老侯就把自己的那件羊皮大衣盖在马褡子上；每年夏天，他都抽空给马备下足够的草料，老侯喂的马一直都是膘肥体壮。老侯日复一日，年复一年，勤勤恳恳地喂马，默默无闻地当马夫，从来没向组织提过任何个人要求。

1948年冬天，做了一辈子马夫的老侯终因积劳成疾在西柏坡病故。马夫老侯走了，可他却受到了英雄般的礼遇。追悼会是由任弼时同志亲自主持的，朱总司令在追悼会上讲话，高度赞扬老侯同志是一个“无名”英雄。毛主席对身边工作人员说：“老侯干了一辈子革命，就当了一辈子马夫，可他从来没有不安心过，也从来没有看不起自己当马夫的工作。要号召大家向老侯同志学习，干一行、爱一行，全心全意做好本职工作。”

解放军有许多部队在边防、海岛、山区等艰苦地区，不少同志放弃城市舒适的生活，主动要求去边远艰苦地区工作，把自己的青春年华献给了国防建设事业。

“自古军旅多险难，从来为武少安闲。”这是赞扬军人职业的美好诗句。军人的职业从来就是与奉献和自我牺牲相连的，而与安乐和舒适无缘的。奉献、牺牲就意味着放弃舒适的生活，甘愿以苦为荣，以苦为乐，与钢枪为伴；就意味着放弃个人爱好而钻研军事；就意味着克服散漫，接受严格的纪律约束；就意味着经受血与火的考验，准备流血牺牲。这就是革命军人的特质。没有这种奉献、牺牲精神，就不能称其为合格的革命军人。对于军人来说，无论过去、现在或将来，始终存在着付出大于回报、奉献大于补偿的“不等式”。正是这一“不等式”凸显了军人所肩负使命的崇高性。

德国思想家马克思•韦伯认为，有的人之所以愿意为工作献身，是因为他们有一种“天职感”，他们相信自己所从事的工作是神圣事业的一部分，即使再平凡的工作，也会从中获得某种人生价值。军人固然是一种职业，但更是我们的事业。因此，军人的自我价值实现，是没有统一价值衡量尺度的，而应当体现为自我认定和社会认定。

所以，一个人未必要做出一番轰轰烈烈的大业，在平常岗位上也能够实现人生的最大价值。这当中的前提是，我们必须把职业当做事业来对待，把岗位当做职责来对待，把平凡当做伟大来对待，这样才能做到恪尽职守，实现自己的人生价值。

把小事做到最好

在日常生活中，许多员工抱怨自己的工作不理想，难以发挥自己的能力，或者认为老板不好，得不到发展的机会。其实，任何一个职业或工种都有许多机会，这种机会需要你去慢慢地发现。只要你勤勤恳恳，恪尽职守，把那些别人认为是平凡的工作做得更迅速、更正确、更专注、更完美，调动起自己全部的智慧全力以赴，就能及时发现机遇，抓住机遇，直到打开通往成功的大门。

解放军南京军区某部作战二营六连班长何祥美，练就了一身“水上蛟龙”“陆地猛虎”“空中雄鹰”的“三栖”作战硬功。手持狙击枪，他能百步穿杨、弹无虚发，是驰名军营内外的“神枪手”和“枪王”，他之所以能够成为全军将士学习的楷模，是在他成功克服了无数个训练“小障碍”，在微不足道的细节处经过一番艰辛积累与突破实现的。

用美国西点军校格兰特将军的话来说：“细枝末节是最伤脑筋的。”很多时候，一件看起来微不足道的小事，或者一个毫不起眼的变化，却能成为工作上的一个突破口。从小处做事，做成小事、做好小事，才能将理想的理想“蓝图”细化分解成一个个触手可及的现实图景。

海尔集团总裁张瑞敏曾说过：“把每一件简单的事做好就是不简单，把每一件平凡的事做好就是不平凡。”留心细微之处，把小事做到位的人，将会创造出更多的机遇。

著名演员赵本山曾经想聘请一位司机，但几年来一直都没选中一个。有一天下午，赵本山从外地赶到北京，为参加春晚排练做准备。他下了飞机，打到一辆出租车，上车只说了一句话："去中央电视台。"出租车司机名叫王海荣，他开车多年，技术又好，服务周到，因此许多客户都认识他，甚至有人为了能坐上王海荣的车而特意等上好久。

赵本山一上出租车，王海荣眼前一亮，这不就是大名鼎鼎的赵本山吗？但他抑制住心中的激动，笑着打了个招呼，然后沉着地上路了。由于机场距离中央电视台比较远，路上堵车，王海荣花了整整一个小时才把赵本山送到中央电视台，在这一小时里王海荣一句话也没有说，只是专心开车，而赵本山则安静地一直在看剧本。

到了中央电视台门口，赵本山没有急着下车，却和王海荣攀谈起来了，问王海荣认识不认识自己，然后又问王海荣一个月能赚多少钱。王海荣想也许这是赵本山在积累素材吧，于是都一一作了回答。

聊到最后，赵本山突然问了一个问题："小伙子，你愿不愿意做我的专职司机呀？我给你现在三倍的工资。"王海荣愣住了，这不是在开玩笑吧？赵本山看着王海荣发愣的样子便说道："小伙子，别想了，就当来帮帮我的忙吧！"王海荣高兴得说不出话来，不停地点头。赵本山给了王海荣一张名片并付了钱，然后告诉他去找那个人就可以了。

后来，从别人那里，王海荣终于知道了自己被赵本山选上的原因。原来赵本山经常在各地表演，需要一个技术好的司机来开车。而技术好，当然莫过于出租车司机了。而当时赵本山在北京排练，经常坐一些出租车，可是大部分司机一看到赵本山，都会先现出吃惊的表情，然后让赵本山签名，或者向赵本山不停地问这问那，有好几次因为司机只顾聊天，甚至险些发生车祸。

但王海荣却不同，他只在开车前和停车后寒暄几句，而在开车的途中始终没有说过一句话，而赵本山也由此安静地看完了一个剧本。

就是这么一个细节，打动了赵本山。

对于赵本山来说，他需要的仅仅是一个称职的司机，而在开车途中不说话，这是一名司机最起码的职业规范，因为简单才被人们所忽略，但是王海荣却做到了，也因此，他成了赵本山的专职司机，一干就是十几年。

在任何情况下都恪尽职守

军队是一个特殊的武装集团，肩负着特殊的任务，每一个岗位都是神圣的，不仅决定着个人安危，也决定着全局的成败。所以恪尽职守对军人来说，不仅是一种责任，更是一种天职。

一般来说，一个人把自己的本职工作做好，只要认真努力并不难，或者说，多付出点艰辛，多付出点劳动，多吃点苦，多流点汗，克服各种困难把任务完成也不难。但关键时刻，需要的是流血，是牺牲，面对的是生死抉择，这才是对一个人真正的考验。解放军官兵经受的就是这种考验。

许多人喜欢观看战争题材的影片，崇拜战场上的英雄，为什么？因为这些可以净化人们的心灵，陶冶人们的情操，使人生观得到升华，在自己的心目中树立起一座座丰碑，以此获得巨大的精神力量。

凡是看过《冰山上的来客》这部电影的人，都不会忘记有一位在冰山上坚守岗位的哨兵，在零下几十度的严寒风雪中，坚守岗位两个小时，换岗时他已毅然耸立成为一个冰冻的雕像，手握钢枪一动不动，永远站立在祖国边防线上。一座“冰雕像”，足以催人泪下。如果你看到几个人、几十人，甚至更多的人都成为这样的雕像，你可能会目瞪口呆，欲哭无泪了。在朝鲜战场上，就有许多这样的“冰冻雕像群”。

1950年12月初，在朝鲜战场上，彭德怀总司令下令发起的第三次战役已经取得了决定性的胜利。美军陆战队第1师、步兵第7师在我志愿军的奋力打击下全线崩溃，仓皇向南逃跑。担任阻击美军逃跑任务的是中国人民志愿军第九兵团第20军的一个连队。他们守在死鹰岭上，岭下是一条公路，守住死鹰岭就等于掐住了敌人逃跑的咽喉。阻击阵地依托山势而建，每个人都用工兵锹在冰雪里刨出一个坑，人趴在坑里，从下方根本看不到岭上的伏兵。由于阻击战爆发前朝鲜北部普降大雪，气温在摄氏零下30度以下，潜伏在冰雪坑里的战士们穿着在国内配发的薄棉衣、胶鞋。面对如此严酷的气候，全连官兵无一人退缩，坚守阵地直至全部冻成“冰雕像”。当追缴残敌的志愿军某部三连登上死鹰岭时，看到了这支英雄的阻击部队每个人仍然保持着战斗姿态，枪口一律整齐地指着公路下方，人却已全部冻死在阵地上。看着牺牲的战友，三连战士们痛不欲生。

英雄逝去，英魂无语。没有人知道当时的境况，但可以想象的是，当时的场景一定非常悲壮。因为，一个连竟然自觉自愿地被活活冻死，该具备怎样的意志和胆魄啊！在整个朝鲜战争中，被寒冷雕成的志愿军“雕像”不止这一组。

人民军队在战场上坚守阵地，恪尽职守，献出的是生命；在平凡的岗位上完成任务，恪尽职守献出的是汗水；在特殊的岗位上履行职责，恪尽职守献出的是忠诚。特别是在核武器试验、战机试飞、航空航天等特殊岗位上，更需要恪尽职守和绝对忠诚。

李中华是著名的试飞英雄。在空军飞行员试飞大队，20名试飞员曾有8名先后牺牲，而李中华是其中最幸运的一个。李中华入伍20多年，一直担任空军试飞员，先后驾驶和试飞过歼击机、歼击轰炸机和运输机等3个机种26个机型，安全飞行2400小时，成功处置过15次空中险情、5次重大空中险情，先后荣立一等功1次、二等功5次、三等功6次，获国家科学技术进步特等奖、二等奖各1次。2007年6月，中央军委授予他“英雄试飞员”荣誉称号。

在试飞的道路上，多次与死神擦肩而过的李中华，始终恪尽职守，从未有放弃的念头。李中华说：“即使我化作流星而去，也要照亮战友们的试飞航程。如果能用冒险和挑战装点自己的人生，我将感到非常有价值。”

2005年5月20日，担任试飞团副团长的李中华带着试飞员梁剑峰，驾驶着一架试验机模拟进行“纵向飞行诱发振荡”试验。在试飞过程中，飞机发动机突然停机，瞬间，飞机滚转倒扣，急剧降至离地面仅200米，两人的身体被紧紧压向机舱一侧。生死关头，李中华挣扎着腾出右手，一把将座舱侧面的三个电门全部关闭，飞机好像是被“点穴”一般，立即响应了操纵。李中华毫不迟疑，迅速将倒扣的飞机翻转过来，猛加油门，飞机冲出死亡线，跃上天空！在短短7秒钟内，李中华连续做了十多个动作，最终驾机安全降落。

事后，试飞技术专家、中国试飞院高级顾问张克荣紧紧握着李中华的手说：“这次险情来得太快太悬了！你保住的不仅仅是一架新型飞机，而是我国几十年来上万名科研人员智慧和心血的结晶啊！”

面对一次次生死考验，李中华用生命履行职责，在万里长空创造了一个个飞行奇迹，书写了自己的军旅辉煌。

一个人能在自己的职业岗位上，排除一切干扰、诱惑，乃至于在经受生命考验时，仍能恪尽职守，这就是至高的职业精神，这就是职业伦理的最完美的阐释。吴斌，杭州长运集团一名普通司机，正是这样一位职业精神的实践者。

2012年5月29日中午，吴斌驾驶从无锡开往杭州的大客车，在途经沪宜高速公路时，突然有一铁块从空中飞来，击碎车辆前挡风玻璃，再砸向吴斌的腹部和手臂，导致吴斌肝脏破裂及肋骨多处骨折，肺、肠挫伤。在危急关头，吴斌强忍剧痛将车辆缓缓停下，拉上手刹、开启双闪灯，完成一系列完整的安全停车措施，并告知车上旅客注意安全，而后倒下。最终车上的24位旅客安然无恙，而吴斌因伤势过重于6月1日凌晨经抢救无效离世。

在同事的眼中，吴斌只是一个平凡的驾驶员，安全行驶100万公里，10年工作零投诉。然而，在生死危急的最后时刻，他以惊人的毅力尽到了最后一份职责，用生命诠释了“恪尽职守”四个字。

第五章

紧密团结

紧密团结，是人民解放军战胜一切敌人的法宝。毛泽东说过，在人民解放军这个战斗群体中，团结和友谊比什么都重要。

团结是一种强大的战斗力、凝聚力。如果一个集体能够团结，一切困难都可以迎刃而解，任何敌人都可以战胜；不团结，则如一盘散沙，完全失去战斗力和竞争力。不管是一支军队，还是一家企业，必须有团结合作的精神，成员之间、内外之间要相互协作，彼此帮助，这样才能立于不败之地。

一切为了全局的胜利

毛泽东始终强调要顾全大局，局部要服从全局。他认为，全局和局部相互依存，相互作用。全局不能脱离局部而存在，是由局部构成的。但是，全局高于局部，局部应该服从于全局。正是这种服从大局的好作风，使解放军在各场战役中赢得了主动，战无不胜，攻无不克。

红军时期，部队曾长期分散在不同的独立作战区域，相互之间实行的就是一种战略配合。直到陕北会师之后，在中央军委和前敌总指挥部的统一指挥下，红军三大主力开始团结一致，协同作战。

抗战时期，八路军、新四军坚决执行党中央确定的独立自主的山地游击战的战略方针，在广大的敌后战场纵横驰骋，相互策应，开辟了大片敌后抗日根据地。

解放战争时期，各野战军更是密切配合，协同作战。1947年，为彻底打破蒋介石将战争继续引向解放区的战略企图，迫使敌人转入战略防御，刘邓大军千里跃进大别山。为配合刘邓大军南进，各路大军在中央军委统一指挥下，实行三军配合，两翼牵制：中路刘邓大军4个纵队，西路陈赓兵团2个纵队、1个军，东路华东陈粟野战军7个纵队，三路部队成品字形阵势展开，互为犄角，密切协同。

为配合陈赓兵团进军豫西，彭德怀指挥西北野战军发动榆林战役，吸引胡宗南主力在西北，来解除陈赓后顾之忧。山东许世友兵团发动胶东保卫战，配合陈粟野战军挺进豫皖苏地区。此外，东北、华北野战军也大量钳制敌人，形成全国各大战略区对国民党军总体进攻的战略态势。没有这种紧密配合，挺进大别山是绝不可能完成的。

为了全局的胜利，各部队都勇挑重担，即使自己局部受到严重消耗，甚至伤亡殆尽，也义无反顾。1934年11月，红25军根据党中央和中央军委副主席周恩来的指示，高举北上抗日第二先遣队的旗帜，实行战略转移。部队从河南省罗山县出发，千里转战，打破强大敌军的围追堵截，挺进到陕南商洛地区，迅速创建了鄂豫陕根据地。1935年7月，红25军得悉红一、四方面军已在川西会师准备北上，就按照中共鄂豫陕省委的决定，立刻西进甘肃，牵制敌人，迎接党中央和红一、四方面军。

后来，曾任红25军军长的徐海东在回忆录中写道："当时，我们决心：即使我们3000多人都牺牲了，也要把党中央和一、四方面军迎接过来。"军首长向部队提出："积极前进，迎接中央，迎接一、四方面军。"经过多次激战，红25军终于胜利地实现了预定的战略意图，有力地配合了中央红军的北上行动，成为红军长征到达陕北的第一支队伍。

毛泽东经常赞扬红25军的团结协作精神，说25军军长徐海东是为革命立过大功的人。由于受伤严重，徐海东在抗战和解放战争中几乎丧失了工作能力，但党和人民没有忘记他。党的"九大"召开前夕，毛泽东看到参加会议的名单中没有徐海东，立即说服大家选他为"九大"代表，在"九大"主席团中有一位坐轮椅的人，那就是徐海东。

解放战争时期著名的"三大战役"，是解放军与国民党军队的战略决战。其中辽沈战役是东北野战军打下来的，平津、淮海两个战役是二至三个野战军团联合行动，协同作战胜利完成的。

在历次战争中，正是由于“分则统一指挥，合则紧密协同”，解放军始终形成一个坚强的铁拳，这与国民党军队你争我斗，各自相安，保存实力为主、以协同作战为幌子的状况，形成了鲜明对照。

在任何一个团队中，服从大局，团结协作都是赢得胜利的必要条件。小溪只能泛起细碎的浪花，百川纳海才能激发惊涛骇浪；一根筷子容易弯，十根筷子折不断……只有依靠团结的力量，才能把个人的愿望和团队的目标结合起来，超越个体的局限，发挥1+1＞2的效果。

柳传志曾如此评价联想，说这是一个“一个人与别人相比，比人家弱，合在一起就比较强”的企业。创业之初开发联想汉卡的成功，就是联想人“合在一起”优势的结果。当时，直接从事研究的有一个近十人的小组，在数十名具有研究员、副研究员职称的专家带领下，一支上百人的队伍，分别负责采购、生产、销售、培训和维修等环节，不到半年，研制成了第一块汉卡，保证了联想汉卡的全面成功。

在跨部门和领域的协作方面，联想也在企业文化上、在制度上加以保证，不仅强调员工内部的协作，还包括国际上不同文化管理者之间的协作，特别强调事业部之间的跨部门合作，让大家更加融合。比如：联想经常召开定期的业务会议，进行定期的业务回顾、定期的团队建设。高层及技术事业部通常每季度开两次会，其他管理者也有1年1次到2次的协同会议，通过这种跨领域、跨部门和层级的讨论和聚会，使每一个联想人都能服从公司的整体战略，形成合力，共同为组织目标的实现而努力奋斗。

诚然，成功的企业不应忽视个人的力量，因为个人的力量往往能够影响一批人，继而对整个企业带来不可小视的影响，但是一个人再能干，如果缺乏全局观念，唯我独尊，个人英雄主义，必定会陷入到自我的圈子里，难以与周围的同事融洽相处。这样的人，最终会给团队带来非常负面的影响。

2008年4月，骏网CEO吴洪彬罢免事件在网上炒得沸沸扬扬，其新闻影响力早已远超过了几年前王志东被迫离开新浪、斯达康创始人吴鹰黯然出局等事件。

吴洪彬曾以提出“二元论”而惊艳行业内外，成功当选2005年、2006年度“十大游戏风云人物”。不可否认，在个人能力和对公司的建树上，吴洪彬可圈可点。他所运营的北京骏网曾经推出“骏网加油站”在线销售系统，为骏网集团骏网一卡通做足了前期准备，使“骏网一卡通”产品在中国的网络游戏产业产生颠覆性革命，作为降低行业风险的销售渠道，任何企业都无法忽视，其拥有的高业务覆盖率的特点堪称是互联网上的“大卖场”。

然而，作为一名职业经理人，随着个人威望不断提高，吴洪彬动了私下另立门户的念头，想通过个人杰出的能力另起东山，与老东家抢生意，因此被骏网董事会以违反公司规定、侵害股东利益为由罢免。

可见，再优秀但不懂得团队合作的人，只会给团队带来负面影响。如果一个单位组织涣散，人心浮动，人人自行其是，甚至搞“窝里斗”，何来生机与活力？又何谈干事创业？只有团队相互配合，齐心协力，才能使基业常青永驻。

勇挑重担，为团队分忧

团结就是力量。解放军在各种战场上之所以能赢得一个个胜利，一个很重要的原因就是全体官兵上下一心、团结一致，生死与共，相依为命。

部队里有一首歌是来赞美团结的，歌中这样唱道："团结就是力量，这力量是铁，这力量是钢，比铁还硬，比钢还强。"当年解放军战士唱着这首歌击退了日本侵略者，打败了几百万国民党军队，解放了全中国。

在解放军发展的历史上，最艰难的历程就是长征，长征途中最艰难的莫过于过草地。川康边界的草地有75000多平方公里，南北长200公里，东西宽50公里，地下原来也是山丘、山沟，由于黄河上游的水流入，加上雨水过多，泥沙和污水灌满了山丘和山沟，所以看上去是一马平川，长满了野草，但地下暗坑、暗沟很多，最深的泥潭有100多米深，上面不用说走人，就是放上一根木棍，也很快沉入泥潭。草地上长的全是野草，没有什么野生动物。红军过草地时，没有打猎的动物可吃，只能吃青草和野菜。

草地上的野菜有几百种，有许多是有毒的，有的还是剧毒，人吃了就当场死亡，有的几小时后便致人死命，所以红军战士采到野菜，都要先尝后吃，否则就会中毒。在红269团，有的战士发现了一种罕见的山萝卜，它的颜色是灰色的，外形有些类似山药蛋。因为采集到的数量不多，在煮熟后大家还互相谦让，结果到了半夜，吃了山萝卜的战士开始出现精神错乱现象，大吵大闹，接着就是呕吐和头痛。卫生队长带着医生赶来抢救，但吃得较多的三个人，终因中毒较深未被抢救过来。

红2方面军的指战员绝大多数是南方人，过草地时，在断粮的情况下也只好采集野菜，但他们无法辨别哪些能吃，哪些有毒。为了充饥，他们开始冒险尝百草。红6军团保卫局执行科共有7人，科长杨凤生把大家采集来的野草揽在自己身边，庄严地说："我们现在开一次党小组会。这些野草一定要先品尝、鉴别后才能食用。我是科长，是老党员了，我看，我先来尝。万一我中毒了，科里的工作由副科长陈云开同志负责。"另外6人坚决反对，都争着要先尝。陈云开猛地站立起来，拿起一大把野草，激动地说："同志们，我今年才20多岁，身子骨硬，抵抗能力强，有毒的野草，在我身上只能产生较低的效能。我恳切请求党小组长和同志们对我的意见进行表决。"

在大家目光注视下，陈云开拿起野草开始大口咀嚼，绿色的浓汁从他的嘴角流出来。"这种有点苦而涩；这种有点酸中带麻；这种还可以。"陈云开一边品尝，一边述说自己的感觉。凡是口感好、又没有不良反应的野草就放在右边，这野草顿时就成"菜"了，而放在左边的则是不能食用的野草。正在品尝当中，突然陈云开尝到一种难言的怪味，瞬间一股刺鼻的辛辣味锁住喉咙。一阵晕眩，他昏迷过去。大家连忙把陈云开口中的野草抠出来，经过一番急救，陈云开终于醒了过来。杨科长高兴地握着陈云开的手说："够用了，你尝出的这十多种野草够用了。小尹，你们快去煮野菜！"

红军战士这种"第一个抢先尝野草"的精神，是非常感人的。为了集体，为了他人，宁可牺牲自己，也要保护他人，这是人民军队紧密团结、战胜千难万险的精神体现。

在任何一个组织当中，主动站出来，为团队排忧解难的人，总会脱颖而出，成为团队中的佼佼者。

1997年，海南椰岛集团面临着产品滞销，效益越来越不景气的不利局面。为了适应新形势，企业转移了工作重点，由原来的“一心一意抓生产”调整为“全力以赴做销售”，这个决定意味着销售将成为重中之重。

此时此刻，作为主抓技术和生产的总工程师周宝存，心里却很纠结。一方面，自己作为一线生产人员为企业发展做出了贡献，被老总褒奖为企业发展的功臣；但作为一名拥有硕士文凭、从事技术工作15年之久的高级工程师，在市场经济的环境下，应当如何再次体现自己的存在价值？

内心有一个强烈的声音催促他，不能退却，要到一线去，到企业最需要的岗位去。经过一夜考虑，周宝存做出了一个勇敢的决定……

第二天，他把“辞去集团合资企业总工程师和厂长职务，请求做一线销售人员”的申请报告交给了董事长，全厂哗然，各种流言蜚语不断地蔓延开来，说什么，“如今的稀奇事就是多，从古到今都是人往高处走水往低处流，还没看到哪个人傻到这种程度，有职有权的舒服日子不过，而且都36岁的人了还想做年轻人做的活，做销售可不像修机器那么简单……真是不知天高地厚。”

周宝存没有理会这些闲言碎语。1997年9月，带着公司配发的3万元市场启动资金，他出发来到湖南人口稀少、最偏远、最落后的怀化地区开拓市场。

克服了广告经费匮乏等种种难以想象的困难，由周宝存带队，每天早晚高举椰岛鹿龟酒广告牌，手提椰岛鹿龟酒包装袋，一字排开，沿着怀化安江的大街高声“叫卖”——“椰岛鹿龟酒——中国滋补保健名酒；欢迎怀化人民品尝椰岛鹿龟酒；椰岛鹿龟酒向怀化人民致敬”。

新鲜的广告形式引起了当地大人小孩的好奇，产品销路渐渐打开了，周宝存带领的团队销量名列前茅。他不仅用实际工作业绩打消了人们对“36岁的技术人员能否做销售”的质疑，而且还在销售实践中总结出“感动营销”“火炭效应”“耕地理论”，这些理论在全国市场广泛推广，被一些营销专家当做经典案例传讲。不仅如此，良好的团队建设能力也为他赢得了下属的尊重，得到了公司的嘉奖，公司领导送给他所负责的销售公司一个美称——“集团营销人员的黄埔军校”。

从常理上说，当需要挑战自己的惰性、自己的脆弱和已经习惯的工作状态的时候，人比较容易向后退缩，甚至连试一试的胆量都没有。但是，唯有在挑战性的工作当中，你会发现自己成长得更快。向高难度的工作挑战，会带来对自己生命的提升，也是让自我价值最大化的快捷途径。

在风口浪尖上不后退、不逃避，勇挑重担的员工，总能够找到自己的最佳位置，并得到上司的赏识。他们之所以能够成功，是因为甘心舍己，直面困难，去做别人不敢做的事情，所以能够历练成一只雄鹰，打造出属于自己的一片天空。

为胜利要不惜代价相互配合

任何一场战争的胜利，都需要每种角色各司其职，协同配合，为战争的最后胜利共同努力。

抗美援朝一开始，中朝军队就紧密团结，相互配合。为了打击敌人的侵略气焰，有效地歼灭其有生力量，彭德怀司令员和金日成首相经常会面，共商抗敌大计。两党、两国政府协商，成立指挥两国军队作战前线的联合司令部。

彭德怀还经常强调，两支兄弟部队在战斗打响前要进行充分协商，规定协同作战方案和在各种情况下互相支援的办法；要求战斗一打响，双方坚决执行既定方案，发现一方有困难，就要不惜代价去支援，把损失减少到最低程度。

1951年元旦，志愿军突破了敌人的“三八线”防线，某部团长命令王副营长率连队由高秀岭直插华岳里，只有穿插得猛，跑得快，才能拦截住准备逃跑的南朝鲜一个团的团部和榴弹炮营。志愿军勇猛直追，快到华岳里时，远远望见那一带大火冲天，敌人又在烧房子，看来马上要逃跑，志愿军一鼓作气，跑步前进赶到华岳里，但敌人已经逃窜，满地都是破电线，村南头炮兵阵地上堆着成垛的炮弹，看样子敌人刚离开，于是副营长命令说：“敌人跑得不远，追还来得及，快速前进！”

果然不出所料，部队前进不远，就遇到百余敌人的猛烈阻击。王副营长立即命令重机枪和六零炮向山包上的敌人回击，忽然敌人火力减弱，在混乱中逃窜，战士们猛虎般地冲过去，俘虏了200多名敌人。原来小山包的东南侧有朝鲜人民军的一个中队，以猛烈的火力向这边的敌人压过来，使这股敌人陷入了包围。因为中朝两国军队在战场上不约而同地密切配合，相互支援，并肩战斗，所以赢得了战斗的胜利。

在一次大兵团作战中，中朝部队协同制定作战方案，围歼敌人，志愿军一个营插到某地截断敌军南逃退路时，朝鲜人民军一个连也插到了该地区，配合主力部队形成了对敌军的紧密包围，激战三昼夜，创造了在一个地区共同打垮李承晚军队两个师的光辉战例，充分体现了两支兄弟部队协同一致，互相支援的国际主义精神。

无论是一个企业、一家公司、一个单位、一个团体，都需要发扬团队协作精神，相互配合，密切合作，荣辱与共，才能战胜困难，夺取胜利。单打独斗，就算一个人再怎么能干，也很难战胜强敌；而有了团队协作，每个弱小个体都会变得强大无比，就如几百亿只精诚合作的蚂蚁军团，能在几分钟之内，使任何猛兽化为一堆白骨。因为一项工作任务的执行，要涉及方方面面，需要每一环节的人员积极配合，单靠个人的力量不可能独立完成，众人精诚合作才能成功。

1997年，美国海军军官迈克尔•阿伯拉肖夫接管了“本福尔德”号驱逐舰，当时水兵们士气消沉，怨气冲天，有的甚至希望赶快退役，离开这艘舰艇。面对这种状况，迈克尔•阿伯拉肖夫深入水兵中摸情况，感到最要紧的是要把人心凝聚起来。他召开了全舰会议。在会上，他首先问大家：“你们认为这艘船属于谁？”大家面面相觑，不明白他究竟想要说什么，都不敢发言。迈克尔•阿伯拉肖夫望着大家诚恳地说：“知道吗，这艘船其实属于大家，它不只属于船长，更属于船员，我们都是这条船的主人。只有共同维护着这艘船，肩负着它的使命，我们才能一起乘风破浪，面对每一处艰难险阻，共同战胜困难，向胜利的方向航行。”

迈克尔的这一番话成功地激发了全体水兵的使命感，使全舰上下全身心地投入各自的职责。两年之后，整艘舰队面貌焕然一新，官兵上下同心，士气高昂，“本福尔德”号也成长为一艘王牌驱逐舰。

如果把企业比作这样一只航行于惊涛骇浪中的船，在这条船上，老板就是船长，员工则是水手，那么，所有的人一旦上了这条船，命运就捆在了一起。一损俱损，一荣俱荣。无论这条船在海上遇到什么惊涛骇浪，任何人都不可能随便弃船，都有义务与其他人共同承担起迎风继续航行的责任。在这条船上，大家是一个有着共同利益的群体，有着共同的前进方向，有着共同的目的地，双方绝对不是对立的。

因此，这就需要全体船员发扬团结合作的精神、互相协助的精神，如果没有这种精神，不仅企业这只船无法正常航行，不能胜利到达彼岸，个人也谈不上什么成功。

“娃哈哈”公司创办之初，资金非常紧缺，条件也艰苦，但是公司总裁宗庆后充满信心地说：“决策前人人出主意，决策后拧成一股绳，有日趋完善的‘团队优势’，娃哈哈的目标一定能实现。”

在“娃哈哈”这条船上，团队的每个人都明白，这是一艘经得起风雨的船，是可以共济的船，并且拥有美好彼岸的船。要成为一支卓越的团队，首先应明白：大河有水小河淌，企业发展快，职工也会富起来。如果企业发展慢，职工个人日子也不好过。

有一年，娃哈哈某区域市场销售业绩不佳，公司派了一名市场总督导亲临指导，经过调查发现，主要原因是内部涣散不团结，无法形成协同合作的战斗力。这位督导没有开会讲道理，也没有斥责、处罚任何一个人，而是别开生面地安排一次“盲阵”活动。起初大家乱成一团糟，各有自己的主张，时间一分一秒地过去了，经过烈日下漫长而无益的争吵和煎熬，每个人都开始明白，必须确立一名优秀者为领袖，还要有智者为助手，统一意志、统一目标、统一行动，才能自觉地做到令行禁止，各负其责。在完成游戏后，在场员工讨论得异常热烈，对于团队合作精神有了深刻的认识，自觉地做了批评与自我批评，此后被动的市场局面很快得以扭转，团队创造了惊人的业绩，当年销售额突破3个亿。

正因为有了这种“心往一处想、劲往一处使”的精神，娃哈哈从贷款14万起家、靠三轮车跑市场的企业，发展成为全国饮料业的龙头，几十年以来，娃哈哈的平均增长速度在70%以上。

类似的例子数不胜数，IBM、微软、沃尔玛、联想、海尔等许多优秀企业之所以能够成长为世界一流的企业，就是因为在这些企业里，始终有一大批优秀员工与企业同呼吸共命运。

这些优秀员工都明白一个道理，没有公司就不会有员工，没有公司的发展就不会有员工的发展，因此，相互配合，与团队共进退，是每一个人义不容辞的责任。

让乐于分享成为一种氛围

分享是一种快乐，是一种力量，更是一种凝聚力。

20世纪80年代，中国女排打出个“五连冠”，举国上下沉浸在喜悦气氛中。有人说，女排打的不仅是排球，打的是中国精神，十几个人打球，十几亿中国人的心随着跳动，“中国队加油，加油！”的呼声在中国大地回响，激发了全国人民奋发向上的劲头。各行各业大力倡导发扬“女排精神”，汇聚成一股鼓舞人心的正能量，这就是分享的效应。

可见，分享不仅可以影响一个人的情绪，也可以影响一个团体、一个国家的精神面貌。

抗美援朝战争结束后，中国胜利了，美国失败了，海内外华人一片欢腾，分享胜利的喜悦，美国和南朝鲜却死一般的寂静，好像什么事也没发生一样。一位美国记者说，从此以后再也不要吹嘘美国多么强大了。新加坡总理李光耀是华裔人，他说，以前出国访问，西方人见到中国人，眼皮都不抬一下，朝鲜战争胜利后，情况可不一样了。西方人一见到中国人，投来的都是尊敬的目光，说话也客气多了，海外华人被胜利的气氛所感染。许多科学家和有识之士纷纷回大陆参加新中国建设，这种分享胜利喜悦所产生的无形力量，带来了巨大的凝聚力。

笔者在祖国南疆老山前线作战时，曾分享过许多战时胜利的快乐。在老山东侧，有个小山头，标号是142高地，长75米，宽50米，山头虽小，却是占领要地。我军某部8连9班守卫在山头上，敌人为打通北进道路，动用了一个营的兵力，在强大的炮火掩护下，向高地发动进攻，战斗打得十分惨烈，一天下来，阵地表面被炮火翻了几翻，成为一片火海，15名战士中有6人牺牲，5人重伤，4人轻伤，没有一个完人，代理排长李海欣腹部多处中弹，肠子流了出来，他咬紧牙关，扎了扎腰带，继续战斗，当战友为他包扎伤口时，他说："别为我浪费急救包了，快呼叫炮兵，打击敌人！告诉大家，只要剩下一个人也要守住阵地。"说完甩出最后一颗手雷，把十几个敌人送上西天，同时他也壮烈牺牲。

这次战斗，8连3排9班以压倒一切敌人的气概，与敌人一个营战斗了10个小时，抗击了20多倍敌人的进攻，打退了敌人6次冲击，歼敌104人，缴获重机枪3挺，轻机枪12挺及大批军用物资，被中央军委授予"15勇士"荣誉称号。人人荣立战功，3个被授予战斗英雄称号，他们坚守的142高地，被誉为"李海欣高地"。从此，"李海欣高地"美誉传遍了老山前线，几万名参战官兵都把目光投向了这个高地。

"15勇士"打出的战绩，极大地鼓舞了参战部队的士气，带来整个团队士气的巨大转变，一些战士说："李海欣一个班能顶住敌人一个营，我们一个连就能顶住敌人一个团、一个师。"　"李海欣高地"的事迹传送到全国，许多慰问团到老山前线访问，都要求到"李海欣高地"走一遍，即使不可能，也要到前线观察所看上一眼，就感到心满意足了。

团队精神的培养离不开分享。分享爱，分享成功，分享喜悦乃至分享痛苦，是一个团队成员共同的需要。一个懂得分享的企业家总是会说，所有的一切是属于公司员工的；一个获得巨大成就的科学家会说，成绩是属于整个研究集体的。成功的人从来都是懂得与别人分享的，正如阿里巴巴创始人马云所说："不管做什么事情，都要学会分享，技术或者是其他东西也是一样。"

马云的魅力，在于喜欢分享。他不喜欢蹲办公室，大量的时间都和员工泡在一起，不是天南地北地聊天，就是穿行在工作车间，脸上总是挂着笑容，见到满意的员工总是竖起大拇指，或拍拍他们的肩膀，表示赞赏，所到之处，总是给大家带来快乐。

马云经常是一身休闲装出现，不知道的人都以为他是员工。他对员工十分宽容，上班可以穿旱冰鞋，也可以随时进出他的办公室。对员工的生活，他点点滴滴都挂在心上，一位员工生病，他发的慰问电子邮件竟然有800个字。孙先红是"十八罗汉"之一，是马云的"铁哥们"，也是公司出色的营销员，他说："经营企业就是经营人心，'抓眼球''揪耳朵'都不如暖人心。"

其实，马云创业的历程并非一帆风顺，陷入低谷时，员工每月工资只有500元，即便如此，员工还是愿意跟他干，员工们说："在阿里巴巴干活，一是很开心，二是有奔头。"

有些人在工作中喜欢斤斤计较，干什么事情总害怕自己会吃亏，就是因为没有领悟到分享的真谛。分享，是一种成功的境界，是一种智慧的升华，与人分享的人生，总是充满丰富和快乐的。

带队伍就是带作风

第六章

严守纪律

严守纪律是解放军战斗力的重要源泉。正如毛泽东所说，“这个军队之所以有力量，是因为所有参加这个军队的人，都具有自觉的纪律”。“加强纪律性，革命无不胜”。

没有服从，就没有铁的纪律

所谓军令如山，在执行埋伏任务时，只要一个人说话，一群人就会暴露，随即很可能全军覆没，这就需要绝对的服从。

当然，这种“服从”，绝不仅仅是指“听话”，也不是机械地执行上级的指示那么简单。这种服从需要个人付出相当大的努力，需要在一定限度内牺牲个人的自由、利益，甚至生命。

建军初期，毛泽东领导秋收起义部队上井冈山。当时队伍成分复杂，还没有得到根本改造，又刚刚打了败仗，军阀作风依然存在，违反群众纪律的事时有发生，有的士兵饿了就吃老百姓的红薯，渴了就喝老百姓的米酒，睡觉时借了老百姓的门板不还，用了群众的铺草也不捆上，还有许多士兵随地大小便，不注意军队形象。这些情况如果不加以纠正，就与军阀部队没有什么区别。

所以，每到一地毛泽东都反复强调纪律的重要性：“我们是人民的军队，老百姓的一针一线都不准拿，只有这样，我们才能得到群众的拥护，没有群众的信任与支持，我们这支军队根本无法生存，更谈不上发展。”

1927年10月，毛泽东率领秋收起义的部队上了井冈山，在荆竹山下，他为红军规定了 “三大纪律”，即“一切行动听指挥，不拿老百姓一个红薯，打土豪要归公”。1928年初，部队打下遂川，分兵发动群众时，毛泽东又为红军规定了“六项注意”，即“上门板，捆铺草、说话和气，买卖公平，借东西要还，损坏东西要赔”，最终形成了“三大纪律六项注意”。 1929年1月，毛泽东带领部队向赣南进军时，又吸收了部队的意见，增加了“洗澡避女人、不搜俘虏腰包”两项内容，形成了“三大纪律八项注意”，这就是人民军队建军初期制定的最早的群众纪律。

1934年10月，红军二万五千里长征路上，一路上国民党军队围追堵截，红军一边行军一边打仗，加上地方军阀和地方民团的袭击，即使条件如此艰苦，红军仍然严格遵守群众纪律。

红军到达四川境内的大渡河时，路过彝族区，彝族群众长年住在深山里，根本不知道什么红军和白军，谁侵犯了他的利益，谁进入他的地盘他就打谁。清朝末年农民起义军领袖石达开带领10万起义军到达这里，因为搞不好和彝族群众的关系，被堵在大渡河边，使清军的围剿得逞，最后全军覆没。蒋介石因此预言说，红军进入彝族区，绝对过不了大渡河，“红军会成为第二个石达开”。

为了做好当地彝族群众的工作，红军参谋长刘伯承亲自找到彝族首领小叶丹，宣传红军的宗旨，还请来许多彝族部落首领，与他们一起吃饭喝酒，并与小叶丹歃血为盟，结拜为兄弟。为了帮助彝族群众，送给他们几十条枪，还派医生为他们治病，派战士为他们修建房屋，红军以实际行动感动了彝族群众，都说这些戴红五星、红领章的队伍是好人，从来没有见过这样的军队。于是，彝族群众送来了粮食物品、衣服，还为红军准备了渡河船只，最后红军不仅走过了彝族区，也渡过了大渡河，使蒋介石的预言彻底破产。

解放战争时期，解放军发展到几百万人， 1947年10月10日，经毛泽东亲自修改，以中国人民解放军总部的名义，重新颁布“三大纪律八项注意”，命令全军贯彻执行，并谱写成歌曲，使干部战士随时牢记，成为人民军队区别于一切旧军队的显著标志。

1949年解放上海时，为保护这座东方明珠，保证人民生命财产的安全，部队首长命令：军队攻城，只能使用轻武器，不能使用重炮，只能打巷战，不能进入民宅。有些官兵不理解，认为“无炮不攻坚”，没有炮火掩护，怎么冲锋？不进入民宅，那有了伤员怎么办？陈毅命令说，不准就是不准，天王老子也不行，这两条一旦订了就得执行。

第一天打上海，解放军就伤亡5000人。许多人都看过二战时欧洲战场的影片，如攻克柏林，一场战争下来，一座城市基本上是一片废墟，而解放军打下上海之后，却将一个完整的上海交到了人民手中，这是战士们用血的代价换来的。

更令人感动的是，打下上海后，十几万解放军部队官兵都严格遵守入城纪律，不入民宅，在大马路上睡了三夜。上海市民打开房门见到此情此景，又惊讶又感动，“仁义之师”的赞誉传遍上海。外国人看了也惊叹不已，认为“得人心者必得天下”。美联社一位记者，采访时拍摄照片后写了一篇报道说，共产党解放军为什么能在上海站住脚？因为他们是一个坚决服从命令的军队。

部队有一种说法，叫做“只有令行禁止，没有三令五申”。在战争中，命令一下，冲锋号一响，军人必须无条件地服从和执行，否则，就意味着失败和死亡。若命令或指示发下去，下面可听可不听，需要三番五次强调，说明有些人拿着令箭当鸡毛，把上级的话当耳旁风，这是军队纪律绝对不能允许的。

“硬骨头六连”是全军闻名的先进连队，也是军纪十分严明的战斗集体。六连的同志依据自己的切身体会，在服从命令听从指挥方面总结出了“五个照办”：不是部分条文照办，而是条条照办；不是一时一处照办，而是时时处处照办；上级强调时照办，上级不强调时同样照办；顺心合意时照办，不顺心合意时同样照办；顺利条件下照办，困难条件下同样照办。可以想象得出来，在这样的环境和氛围中，一名士兵必定具有强烈的纪律观念，对上级的命令能够做到绝对服从和不折不扣地去完成。实际上，从六连走出来的战士都是优秀战士，六连也成为全军唯一两次获得中央军委授予“硬骨头六连”荣誉称号的优秀连队。

没有服从，就没有团队的胜利，也就没有个人的胜利。有了服从意识，就能千方百计地去克服困难，去完美地执行，并创造出辉煌的业绩。

美国通用公司总裁杰克•韦尔奇曾说：“不懂执行的管理者，一定是最糟糕的领导者，他能把公司带入歧途；而最善于服从的员工，迟早会成为这个公司中最有活力和地位的精兵。”

所以，在职场上每个员工都需要具备服从意识。作为员工，在上级已经作出决策之时，明智之举就是坚决执行。

学会服从，才懂得怎样指挥

在军营里养成的服从意识，没有让军人变成一个唯唯诺诺、失去主见的人，相反，因为学会了服从，在商海弄潮中，他们更懂得了怎样指挥和管理。

解放军某部“老虎团”是一支优秀部队，一位战士退役回到安徽老家，在老家宿州市呵泉啤酒厂做了一名工人。几年后，他被提拔为车间主任。他用部队培养出的纪律观念和服从意识认真履行职责，管理车间，使他很快在厂里中层干部中脱颖而出。他说：“不具备服从品质的员工，得不到领导的欣赏，是不能向更高级的管理职位前进的。不会服从，就不会领导；没有服从的激情，就没有命令的威严。学会服从和培养服从的品质是个人得到更高职位、成就事业的第一步。这一点我在部队就学到了，因此，当车间主任后我知道怎么去管理。”

管理者大都是从基层干起的，只有具备服从品质的员工，才能大有作为。海尔集团董事局主席、首席执行官张瑞敏是军人出身，军旅生涯让他养成了对上级命令绝对服从的习惯，同时也拥有了如何管理和培养下级服从上级的能力。1984年，他出任海尔集团的前身青岛电冰箱厂的厂长时，做的第一件事就是制定严格的纪律和制度，培养职工的服从意识。

张瑞敏后来回忆说：“走上领导岗位后，规定的第一条纪律就是不准在车间大小便。”20多年后的今天，人们听起来可能感到有些可笑，但事实是没有“不准在车间大小便”这条纪律，可能就没有海尔的今天，因为这是建立所有制度和纪律的开端。

对于一个组织而言，纪律永远比任何东西都重要，没有了纪律，便没有了一切。深谙此道的张瑞敏制定了一系列严格的纪律来规范职工的行为。例如：他要求每一块玻璃的擦洗维护都要责任到人；员工在厂区行走时必须遵守右行、三人以上成纵队行走的交通规则；每一个员工离开自己的座位时，必须将座椅推进自己的座洞里，否则将被罚款；班车司机在接送员工上下班时不得迟到一分钟，否则员工为此而付出的打的费用将全部由责任司机承担；部门经理经严格考核后分为优秀经理、合格经理、不合格经理三类，开大会时三类经理分别就座。

海尔集团以严格的管理取得了举世瞩目的成就，步入了世界知名跨国企业的行列。海尔成功经营管理的案例还进入哈佛大学商学院、瑞士洛桑国际管理学院、欧洲工商管理学院、日本神户大学的案例库，这在中国企业界是少有的殊荣。

海尔集团的成功之道是什么？今天人们也许会找出无数个答案，但有一点是不可否认的，那就是张瑞敏为海尔制定了铁一般的纪律，由此培育出海尔精神、海尔管理模式。同时张瑞敏首先就是一个具有服从意识的人，而后成为一个令下属都服从他的人。

服从绝不是盲从

古今中外许多军队提到服从，就是实行“兵贵愚，将贵智”的愚兵政策，在“军人以服从命令为天职”的口号下任意驱使士卒。旧中国军阀中有一位连长就曾说：“军队嘛，要绝对服从，比如，我手里拿一个鸡蛋，它本来是白色椭圆形的，官长偏说它是黑色方形的，你们也要随着说它是黑色方形的。这就叫做绝对服从。”

但解放军讲官兵平等，搞军事民主，从建军初期，毛泽东就坚决反对“愚兵政策”，认为“服从就是在执行中不问为什么”，会培养出一些四肢发达、头脑简单的“杀人机器”。他强调真正的官兵平等，意味着官与兵的角色不是固定的，谁的意见对就按谁的意见办。

1947年3月，被誉为“中国的巴顿将军”的钟伟，担任东北民主联军第二纵队第五师师长，有一回奉林彪之命率部移动，前往靠山屯以南，准备第二天东进，配合第一纵队作战。

结果，部队进至朝阳川以北地区时， 听到靠山屯一带有枪声。钟伟立即派骑兵连前去侦察，从俘虏口中获悉，国民党军正在向靠山屯开进。

“既然敌人已到了眼前，还东进干什么，那就在这里打吧！”根据钟伟的部署，部队18时开始行动，十四团与国民党军在姜家店展开了激战。与此同时，第十三团和第十五团也开始行动，从两个方向向靠山屯靠近。钟伟随即指挥部队将敌军包围并发起攻击，同时发电报告知林彪不能执行原来的命令。

正打得热火朝天，林彪两次发出电报，命令钟伟率第五师立即东进。可此时部队都撒开了，正和敌人激战，没有五六个小时，根本没办法收拢，钟伟决定打完仗再说。

凌晨1时许，钟伟命令山炮向靠山屯打一阵子，进行火力侦察。结果，不见国民党军有任何反应。第十五团也报告：靠山屯没有敌人，估计是撤走了。于是，钟伟向上级电报报告：靠山屯无敌，全师准备东进。不料，就在部队开始收拢时，得到情报说，靠山屯东端的一座大院内有国民党军900余人。

留下来继续打——钟伟决定，但其他师领导提出异议说，上级命令是铁的纪律，"五师东进"的电报都发走了，不能贪图眼前利益，但钟伟据理力争，说："违抗上级命令固然不对，可贻误战机而影响全局就更不对了。"

这时，林彪接连发来两封电报，特告第五师打完后即东进。林彪原以为第五师会速歼靠山屯之敌，却不知靠山屯战场已发生新的变化，屯内国民党军已经有了准备，下午两侧增援上来了，不是能够速战速决的。钟伟一面组织战斗，一面向林彪报告情况，并把国民党军增援情况作了强调说明："你的命令我暂不能执行，就因为眼前有大仗可打！"

一上午过去了，林彪不见第五师东进，因此在12时除下达综合命令外，特意外加给第五师一个单独电令，要求五师东进。然而，两个小时过去了，仍不见第五师执行命令东进，林彪有点失去耐心了。他再次致电第五师。

在钟伟的坚持下，林彪终于改变了决心："援敌能歼则歼，不能歼则放其进靠山屯。(你师)不必东进了，速查明敌情电告总部。"至此，钟伟松了一口气。接下来的战斗中，因为拖住了靠山屯的国民党军，就拖住了国民党军的援军，林彪改变了原作战计划，把攻击矛头从东线歼灭国民党新一军，转到歼灭西线的国民党第七十一军这个援军身上来。整个战斗歼灭国民党第七十一军6600余人，钟伟指挥的第五师歼国民党军1337人。为此，第五师受到东总的通报嘉奖。后来，林彪直接提拔钟伟当了军长。

战场情况常常复杂多变，因此有“将在外，君命有所不受”的说法，也就是说，下级要绝对服从上级命令、听从指挥，但服从不等于盲从，一旦情况有变，或上级情况不明，指令有误，就要机动灵活，以消灭敌人保护自己、争取最后胜利为原则。从这一意义上说，机动灵活是适应战场条件及其变化的表现，因而也是消灭敌人、保存自己的重要一环。

其实，上级作出的每一个决策，目的都是让组织更好地发展，所以他也希望下属爱思考会动脑子，及时与他沟通，能够拿出更好的方案，以避免错误决策，而不是盲目服从，一味地高喊“老板英明”。一个拿愚忠当做服从的人，是无法得到上级青睐的。

有一位女大学生在公司做销售，每天连续工作十几个小时，超负荷运转，从来不会向老板说“不”。她每天和老板的交流，只限于MSN，一般都是老板分配任务，然后乖乖地答“好”，百分百服从。每个任务都尽量自己搞定，消灭随时出现的问题。她的想法还是源自老观念：优秀的员工当然具有独当一面的能力，领导的话就是“圣旨”，出了问题也要“我能行”，而不是找领导沟通，寻求帮助或支持。在职场多年后，她发现自己始终得不到老板的赏识。

其实，在中国许多外资企业中，都提倡这样的理念：“聪明地工作，而不是努力地工作。”这一理念就是让员工勤于思考，勇于创新，如果今天用4小时完成了某项工作，做完之后就要想一下，下一次可否用3小时就可以完成，什么情况下可以用3小时完成，一旦想出来办法，就提高了效率，提高了质量。3小时之后就是2小时，甚至1小时，这种思维模式推动员工关注效率和质量，而不是整天坐在那里混日子，这是企业老板所乐于见到的。

有铁的纪律才有持久战斗力

纪律是军队的生命，也是取得胜利的根本保证。如果一支团队没有严明的纪律，也只能称之为乌合之众，根本无法打胜仗。

所以，毛泽东说："军队向前进，生产长一寸，加强纪律性，革命无不胜。"这是毛泽东对解放军长期战争经验的总结。

解放军经过几十年的奋斗，由几千人的游击武装发展到几百万人的正规军，靠的就是严格的纪律，有了严格的纪律就能战无不胜。

抗日战争初期，日伪军遍布城乡，为了开辟敌后战场，党中央命令新四军东进开辟根据地，当时敌后环境恶劣，敌我力量相差悬殊，但叶挺、陈毅坚决执行中央的命令，组建了一支东进先遣队，由粟裕带领深入敌后。

当时先遣队的战士们背的都是一些旧枪，机枪很少，服装也不整齐，群众对他们能否打败日军很怀疑，有的直截了当地说："去年国民党军队几十万大兵，有那么多的机枪、大炮和飞机都退走了，你们这么点人，这样差的枪，恐怕不行。"一位国民党军官更不客气地说："你们军队有优良的纪律，作为一支政治宣传队是很好的，如果到前线去打仗，那只能听下回分解了！"

新四军战士们非要争这口气。他们克服了各种困难，三天三夜急行军，赶到南京与镇江之间的下蜀街，捣毁了那里的铁路和电线，切断了沪宁的铁路线，使日军行动陷入瘫痪。

为了消除江南人民的疑虑，提高抗日信心，粟裕带领先遣队冒着大雨行军，埋伏在镇江附近山岗两边，等日军车队一到，粟裕一声令下“开火”，打得日军人仰马翻，经过半小时激战，日军几乎全部被歼。日军少佐土井，大尉梅武四郎也被击毙。

韦岗战斗是新四军进入江南的第一仗，这第一仗就打破了日军不可战胜的神话。陈毅接到捷报，当即赋诗一首：“弯弓射日到江南，终夜喧呼敌胆寒，镇江城下出遭遇，脱手斩得小娄兰。”蒋介石也发来贺电表示嘉奖。

纪律是胜利的根本保证。翻开人民军队历史的画卷，这方面的例子比比皆是。

例如抗美援朝战争时期，志愿军武器装备落后，而美军是世界第一军事强国，和美国军队打仗，是典型“不对称战争”。美军猖狂得很，根本不把中国军队放在眼里，美军司令麦克阿瑟嘲笑道：“我们和这样一支农民军打仗，打死这么多人怎么和上帝交代啊。”结果志愿军入朝打了第一场战役，就打赢了。他还不服气，扬言“再打上一仗，回家过圣诞节去”。志愿军总部根据毛泽东的指示，决定要打几场像样的仗，给美国军队一点教训。

在第二战役中，敌我双方都动用了最强的军队，是真正的比赛和较量。志愿军运用迂回穿插战术，将美军精锐部队几乎全部包围、分割，打得美军落荒而逃。当时，敌人南逃的必经之路有个“三所里”，是北方价川至平壤公路上的一个小村镇，地形十分险要，志愿军能不能在敌人南逃之前占领“三所里”，是这次战役胜败的关键。司令员彭德怀命令：志愿军一定要在敌人逃跑之前占领“三所里”，“要像钢钉一样钉在那里”，使敌人不能前进一步，保证整个战役的胜利。

当时担任穿插任务的是38军113师，他们接到任务后，冒着严寒在雪地上前进，部队在连续作战两天两夜的情况下，不顾极度疲劳，边打瞌睡边行军，仅仅用了14个小时，在荒山雪地上前进了145公里，提前几分钟占领了“三所里”。113师官兵与美军骑兵一师立即展开激战，打退了美军在飞机、大炮掩护下的数次轮番进攻，炸断了公路大桥，切断了敌人的退路。

美军在“三所里”南逃无望，便另寻逃路。“三所里”西北面，有个龙源里，也是美军南逃之路。我38军军长梁兴初命令113师迅速占领龙源里，这时，美军南逃的第一军、第九军都被堵在龙源里以北地区，南进不能，北逃无望，美军司令麦克阿瑟这时才如梦初醒，意识到中国军队不是少数部队，少数部队不能这么厉害呀，他确信中国军队主力来了。敌人为了逃跑，不惜一切代价，在飞机、大炮、坦克掩护下，轮番向龙源里进攻，在战斗中，彭德怀司令员直接给113师政委于敬山打电话，命令他们一定要咬住敌人不放，胜利就是属于我们的。美军司令麦克阿瑟也亲自上阵，在11月30日这天，集中了几百架飞机和各种大炮，向志愿军阵地狂轰滥炸，采取“波涛式”的集团冲锋实施突围，在龙源里和松谷峰的两个要点上，形成了美军机械化部队和志愿军常规武器作战较量的大舞台，敌人的飞机、坦克、大炮、卡宾枪硬是打不赢志愿军的冲锋枪、步枪和手榴弹。

此时，南逃美军与北援之敌在龙源里相距不到一公里，眼睛都能看到对方的行动，但有志愿军的阻击，就是不能合拢在一块。敌人为了进攻志愿军一个营，竟用一个团的兵力和几十辆坦克，在战斗中有的阵地几经易手，反复争夺，一个连队打到中午，只剩下30多人，子弹、手榴弹打光了，敌人又冲了上来，最后阵地上只剩下受重伤的排长刘序学，他捡起战士们遗留下的手榴弹，与几十个敌人搏斗，直到壮烈牺牲。在另外一个阵地上，志愿军一个排的兵力就粉碎了美军一个营的三次进攻，歼敌200多名。在松谷峰战斗中，一个连队几乎全部牺牲，但是他们歼灭敌人300多人，用生命和鲜血为主力部队会战赢得了时间。这一仗，志愿军在西线歼灭敌人3万2千多人。

志愿军司令员彭德怀听了三所里和龙源里的战况后，含着眼泪说“我们的战士太好了！太好了！”彭德怀亲笔写嘉奖令，最后两句话是：“中国人民志愿军万岁！”“38军万岁！”“万岁军”的口号从此响彻全军。这是中国人民解放军精神力量的象征，这种力量是无敌的。

严守纪律的团队是感人的，严守纪律的英雄则更加光彩夺目，因为他把鲜血和生命献给了团队，保证了团队的安全，使团队获得了巨大的成功。

邱少云是解放军严守纪律的楷模。在执行潜伏任务时，和他在一起的有500人，如果一个人暴露目标，500人都会葬身火海。所以，当他被敌人燃烧弹打中后，宁可身体被烧焦，也一动不动，保证了团队的安全，保证了战斗的胜利。邱少云牺牲后，上级给他记的是“特等功”，在他牺牲的地方，刻下的碑文是：“为整体、为胜利而忘我牺牲的伟大战士邱少云同志永垂不朽！”

在金城反击战中，曾涌现出30多位邱少云式的英雄。在战斗中，担任对敌正面进攻的是60军，为了打敌人个措手不及，志愿军首长决定，在敌人阵地前沿潜伏3000人，这个数字，几乎相当于一个整编师。几千人潜伏在敌人眼皮底下19个小时，这在世界战争史上绝无仅有，但人民解放军做到了。

执行潜伏任务的战士们熬过了一个上午后，意外的情况发生了，随着敌人一阵冷枪冷炮过后，潜伏区响起了剧烈的爆炸声。军长张祖谅接到参谋报告说："535团战士张保才腿被炸断，忍痛将武器交给战友，流尽了最后一滴血！""542团8连7名战士受伤，没一个人动弹，战士荀子清腹部被炸开，肠子流了出来，他没吭一声，把肠子塞进腹内，扎上毛巾准备继续参战，不久就牺牲了……"当作战参谋报告到30多位数后，军长已泣不成声。他为有这样的英雄战士而自豪，他们是人民军队的骄傲，因为有这种精神，我们这支军队才能战无不胜！

19个小时后，潜伏部队向敌人发动总攻，在我军500多门各种火炮的怒吼中，3000多名勇士拔地而起，只用了50分钟，就占领了敌人阵地，创造了阵地战争中消灭敌人一个加强团的光辉范例。这次战役消灭敌人7万多人。

一位研究解放军史的专家说，解放军是一支最讲大局的军队，是现代企业学习的榜样，什么叫大局？遵守纪律就是大局，什么叫生命力？执行纪律就是生命力，这是市场经济时代现代企业最需要的团队精神。

如今的38军"万岁军"、邱少云所在部队15军，以及许多英雄所在部队都建有军史馆，吸引了许多企业家和大专院校学生参观，一些企业老板参观后向部队领导表示，以后这些部队的干部战士转业复员，我们全要了，因为企业也需要这种精神。

纪律是宝贵的精神财富

一提起财富，很多人首先想到的是金钱，是资产，是翡翠钻石、黄金白银，但有一种比金钱和资产更宝贵的东西是精神。精神是无价之宝，具有非凡的力量，是伟大的象征。谁拥有可贵的精神，谁就能创造未来，改变世界。

精神财富是丰富多彩的，严格的纪律则是精神财富世界里的一块璀璨宝石，不仅造就了众多像邱少云那样的英雄人物，也造就了一批又一批著名的企业家和优秀员工。

纪律作为一种宝贵的精神财富，其作用与功能是无穷无尽的，体现在许多方面，如珍惜荣誉意识、打造执行力意识、自觉服从意识、习惯养成意识、注重细节意识等，这些都是严守纪律的结果。

置身军营你就会发现，直线加方块的队列，整齐划一的内务，显示了有条不紊、井然有序的军人生活的美；清一色的国防绿加上两点红，给人一种庄严、神圣、威武的感觉；阅兵场上，一个步伐，一个足音，步调一致，令行禁止，显示了整齐划一的美。军营里，不论是着装美，还是仪表美，实际上都是严守纪律的表现，都是由纪律创造的美。

人民解放军三军仪仗队是国际上公认的优秀仪仗队伍，被誉为“军队形象的标志”，为世人所敬仰。这支誉满天下的部队是靠铁的纪律打造出来的。笔者有机会访问过这支部队，听他们讲述了许多严守纪律的故事。一位中队长告诉我，他们珍惜荣誉，但更重视纪律，纪律就是他们的生命。

有一次，仪仗大队接到上级通知去看演出，全队被安排在剧场前面四五排就座。战士们排着队走到座位前。老战士于可军发现自己座位的座板塌陷了下来，仅有一点点铁丝连着，无法落座。就在这时，带队干部下达了口令："坐下！"百余人的队伍整齐地坐了下来，于可军也以同样的速度和动作蹲好，并且和别人一样高，一样正，两只手还标准地放在膝盖上，军姿挺拔，眼睛有神。于可军知道，没有命令是不能乱动的，如果此时自己左右晃动，甚至站起身来，秩序就会受到影响。5分钟过去了，10分钟过去了……腰酸了，腿麻了，双手也不听使唤了；汗水顺着脸颊小溪似地直往下流，但于可军始终纹丝不动。直到上半场的演出结束时，于可军才吃力地站起来。

"退伍军人思想正、作风好，有较强的组织纪律观念和管理能力，我们最欢迎！"这是不少私营企业主的心声。

据不完全统计，邱少云生前所在连已有数以千计的官兵复转到地方工作。他们中的许多人做出了不平凡的成绩，其中300多人被评为各级劳模，200多人当上了企业经理、厂长，200多人成为科以上干部，还有的人出版了个人专著。他们都谈到一条共同的感受：部队严明的纪律，奠定了他们立身成功的基础。

浙江星月公司老总、退伍军人出身的胡济深认为，当过兵的人让人有一种安全感和信任感。他手下2000多名员工中，退伍军人就有700多名。他们以其良好的素质在企业经营中发挥了重要作用，创造了可观的经济效益，使企业年产值达到12亿元，连续两年纳税2000万元以上。

正是因为意识到纪律的重要性，英特尔把“注重纪律”列为公司六大价值观之一，在强调人性化管理的硅谷中独树一帜。

有5年军龄的原万科老总王石曾多次谈到纪律在万科集团中的重要性。他认为：第一，军人的经历让自己强调的是职业化、是制度，他希望万科的任何一个人，包括他自己，不论在与不在，整个公司的运转都不受影响；第二，万科组织纪律严明的好名声，也与军队、军人的特有素质相得益彰；第三，部队出身的人“执行能力强”，“思想政治工作过硬”，这两个词放在企业中就被翻译成“执行力”和“企业文化”，而万科在这两方面恰恰表现得非常出色。这是万科集团走向成功的根本原因。

如今，执行力已经成了企业界最热门的话题。一个企业的成功，30%靠战略，50%靠执行力，其余的20%包含了机遇、环境等客观因素。企业只有具备强大执行力，才能提升竞争力， 打败竞争对手。而失去执行力，就失去了企业长久生存和成功的基础。没有执行的战略，一切都只不过是纸上谈兵。如果不去执行，所有的工作都会变成一个永远不能实现的美丽梦想；如果不去付诸实施，再周密的计划也是一纸空文。

同样是军人出身的著名企业家柳传志认为：“军队和企业的相同之处有一点就是执行能力强，这恰恰是很多企业做得不好的。部队的执行能力强是因为用的是行政命令体系，这一点与企业不同，但企业同样需要强大的执行能力。”柳传志曾经神情激昂地对媒体说：“企业做什么事，就怕含含糊糊，制度定了却不严格执行，最害人！”

联想的开会迟到罚站制度，十多年来无一人例外，柳传志自己也被罚过三次。柳传志说：“这一点实际是在部队里面学的。军队的执行能力，融化在我的血液中。当时我在科学院的时候，科学院的科研人员特别喜欢完不成任务以后强调当时遇到的困难。军队不讲这个，军队只讲功劳，不讲苦劳。为了达到预定目标，要把最坏的情况想清楚，这样才可能达到总目标。”

联想发展到今天有一万名员工，而且每年会有大量的大学毕业生、社会上的人招聘进来。开会不许迟到，在公司被始终如一地执行，并成为联想的一种风格。

柳传志也面对过执行不力的情况，但他以铁的纪律解决了这个难题。1999年进行ERP改造时，业务部门不积极执行，使流程设计的优化方案根本无法深入。在联想ERP的“遵义会议”上，面对联想所有的高层职员、各子公司的总经理，柳传志雷霆震怒道：“ERP必须做好！做不好，我会把李勤（副总裁）给干掉！”李勤当即站起来表态说：“做不好，我下台，不过下台前我先要把杨元庆和郭为干掉！”

那个时候，杨元庆和郭为还是子公司的总经理。这次会议之后，杨元庆和郭为责无旁贷地在子公司推进ERP，各个子公司都成立了ERP领导小组。ERP由此进入了快速通道。同年年底，联想完成了ERP改革，经营业绩也屡创高峰，仅北京的营业额就达到19亿元。

无论是一名军人，还是一名企业家，或是一名普通员工，在工作或生活中通过长期约束和规范，养成良好的纪律，这是任何地方都得不到的宝贵财富。

着眼细节，点滴养成

人民解放军是一个最具战斗力的武装集团。为了实现正规化，解放军陆续制定颁发了几十部共同条令、战斗条令、军兵种条令和有关专业条例，连同各项规定加在一起，就有几百种。这些制度和规范对军队、军人的行为规范都提出了明确要求，其中许多细节都与纪律有关，而纪律的形成，离不开严格的教育，这是人民军队立于不败之地的根本原因。

在抗美援朝战争中，志愿军有一支被人们誉为“老虎团”的优秀作战团队。无论担任攻坚还是负责保障，无论打主攻还是打助攻，或是担任预备队，“老虎团”始终保持一切行动听指挥，不讲价钱，不喊困难，一切服从全局的需要，上级指向哪里就打到哪里。全团官兵做到这一点，同平时的养成教育是分不开的。

青年作家高成运曾经在“老虎团”服役时接受了这种严格的养成训练。“老虎团”在营院内修建了一段长1000米的正规化养成路段，专门提醒官兵从一举一动、一点一滴做起。在“老虎团”所到之处，见不到一根烟头，一张纸屑，一口痰迹，卫生清洁，门窗锃亮。平时上下楼梯，要自觉靠右行；遇见首长，要敬礼、让道；听到哨音，一律跑步到位；不管哪个连队的官兵，从饭堂到宿舍的路上，必须两人成行，三人成列。训练时间，连队宿舍里看不到一个人影，训练场上，不到休息时间，没有谈天说地的；训练计划一经制定，风雨无阻，没有撤回擅自更改的。

有一个夏天晚上10点钟，团里突然接到上级命令：限时赶到张家湾机场，全团官兵全副武装紧急出动，百台车在夜幕下飞速行进。离张家湾还有5公里时，全团官兵下车背着背包，头戴钢盔，手持冲锋枪，又进行徒步奔袭，并在奔袭中处置各种情况，结果提前2分钟到达集结地域，军委首长连声称赞："'老虎团'有战斗力！"

高成运转业到地方工作后发现，部队里严格的养成训练使他形成了许多良好的习惯，其中最明显的就是时间观念，无论做什么事情，他都是一个守时、准时的人。不管单位管理怎样宽松，他从不放松对自己的要求，做事严格守时、准时，在规定的时间内完成工作，还形成了以下习惯：严格遵守上下班时间；在工作时间内高效率地做紧急而重要的事，从不把时间浪费在打私人电话、聊天、阅读大量没有价值的信息上；在办公桌上不放与工作无关的东西，以免分散自己的精力；定期检查工作进度，对自己每天要做的事情制订计划，每天按计划完成任务，下班前5分钟对自己的计划进行总结检查。这些良好的习惯使高成运在工作中受益匪浅。

"什么是不简单？能把每一件简单的事做好就是不简单；什么是不平凡？能把每一件平凡的事做好就是不平凡。"当兵出身的张瑞敏曾不无感慨地说。

有一个外商准备在中国投资，在全国考察了好多企业，最后到海尔看了以后，什么话也不说就走了，海尔以为外商不愿合作。可一天之后，对方发来传真表示愿意合作。原来外商只是摸了一下海尔车间里的模具，结果没有摸出灰来，就冲这一点，就愿意与海尔合作。

"认真做一根质量过硬的针，也比只会制造一台糟糕的蒸汽机要好。”张瑞敏一直要求所有员工注重细节。做好每一件小事，形成一种良好习惯，日久天长就会让员工产生一种健康意识，自觉规范自己的行为，一言一行、一举一动都自然而然地按照纪律的要求去做，就像乘车要买车票、买东西要付钱一样，毫不迟疑，毫不勉强，不需要外界干预去做，也不需要经过内心斗争去做，而是自觉自愿完成各种任务。海尔就是把许许多多简单的小事认认真真干了20多年，才有了今天的成就和辉煌。

为什么一些解放军官兵退伍到企业后，很快就能进入工作状态，做出一番成绩？原因当然是多方面的，但与他们长期养成注重细节的好习惯肯定是分不开的。无论是在商场中打拼，还是在职场中竞争，都需要具备这样的做事风格和素养。

曾带过兵的北辰集团党委副书记沈倚山在总结多年企业管理经验时说，对企业员工进行专业技能的培训，一般三五个月就可以上岗了，而培养他们的组织纪律观念、吃苦耐劳精神、良好的行为习惯等基本素质，却需要相当长的时间。因此有许多企业经营者常说，不怕企业员工没技术，就怕他们素质差，而这些基本素质恰恰是退役军人的优势所在。

带队伍就是带作风

第七章

艰苦奋斗

艰苦奋斗是促进社会进步的正能量。一个民族、一个国家的兴起，一个政党、一支军队的进步，一家企业、一个人的成功，都要靠艰苦奋斗。艰苦奋斗是一种巨大的精神动力，是使人们立于不败之地的优良作风，是社会先进文化的一种体现。

艰苦奋斗才能赢

许多企业能够做大越强，原因有很多，但最根本的是创业初期保持了艰苦奋斗的精神。但往往他们在变得财大气粗以后，就很难保持艰苦奋斗的好作风了，上上下下的官僚主义便开始形成，奢华成风，成为企业败亡的内在基因。

以太子奶集团为例，在进入破产重整的三年前，企业内部欣欣向荣，一片“歌舞升平”的景象。一幢办公楼投资过亿，房间水龙头5万一个，廊柱上镶嵌着宝石。即便在资金并不宽裕的时候，李途纯仍选择在北京某商厦买下三楼整层，理由是竞争对手就在二楼办公，他甚至还筹划在顶层加一个大型游泳池，但经手下人多方估算，终因难以承受重负而放弃了……如此大肆铺张的奢靡为太子奶走向破产重组埋下了诱因。

可见，如果一个组织不再讲究艰苦奋斗、勤俭节约，而是养成了摆阔气、讲排场的不良风气，再大的家业，也难免一旦呼啦啦似大厦倾。

无论是战争年代，还是在和平时期，解放军一贯把“艰苦奋斗”作为军队的优良传统。毛泽东认为，艰难困苦不可怕，强大的敌人也不可怕，就是原子弹也不可怕。毛泽东一生最担心的是什么？就是我们能不能始终保持艰苦奋斗的作风。如果我们不能做到这一点，一切都会前功尽弃，功败垂成。所以他提出要保持“两个务必”的重要思想，一是务必要谦虚谨慎，二是务必要艰苦奋斗，这是我们立于不败之地的根本保证。

在长达八年的井冈山奋斗的艰苦岁月里，毛泽东、朱德、陈毅和中央红军吃的是红米饭，喝的是南瓜汤，住的是茅屋，盖的是铺草。毛泽东有晚上办公的习惯，点的油灯原是三根灯芯，为了省油，减到两根，最后减到一根灯芯。就是在这一根灯芯下，毛泽东写下了《中国的红色政权为什么能够存在》、《井冈山的斗争》等许多光辉著作。

延安时期，美国记者史沫特莱访问延安，看到毛泽东、朱德、周恩来等党和军队领导人都穿着打补丁的衣服，住的是窑洞，吃的是粗粮，办公点的是油灯，接待外宾时连一把像样的椅子都没有，只能坐木板凳。史沫特莱震惊了！她把中国共产党人的这种艰苦奋斗精神称为“东方魔力”，并进而作出一个判断：这“魔力”是不可战胜的力量。

新中国成立前夕，毛泽东谆谆告诫全党，要牢记“两个务必”，“决不当李自成”。他在1957年《关于正确处理人民内部矛盾的问题》讲话中强调，“要使我国富强起来，需要几十年艰苦奋斗的时间，其中包括执行厉行节约、反对浪费这样一个勤俭建国的方针。”

新中国建立初期，“南京路上好八连”在上海最繁华的街段巡逻站岗。当时，解放军刚进入上海的时候，一些反动分子就扬言：上海是一个大染缸，花花世界，解放军肯定会被整个腐蚀掉，要让你站着进来，爬着出去。“南京路上好八连”什么都不沾，就是以苦为荣，以苦为乐，连队战士都是穿着草鞋站岗，穿着打补丁的衣服值勤，以实际行动展现了解放军艰苦奋斗、永不变色的精神，彻底粉碎了反动派的叫嚣。

许多优秀企业都是靠艰苦奋斗起家的，也是因着艰苦奋斗而越加兴旺的。一个有着“艰苦奋斗”文化的企业，面对再艰难的历程，再巨大的挑战，都能坚定地走下去。而各种艰难和挫折，永远伴随在创业路上的每一天。

华为用了20年的时间，从籍籍无名的一家小企业，发展成为全球前五大通信设备商，而在这其中伴随着汗水、泪水、艰辛、坎坷与牺牲。走到今天，在很多人眼里看来华为已经很大了、成功了。有人认为创业时期形成的“垫子文化”、艰苦奋斗文化已经不合适了，可以放松一些，任正非却指出这种思想是危险的。他说：

“我们曾经是靠艰苦奋斗、技术创新而生存下来的公司，我认为当有线、无线的带宽接入，达到一定的带宽并覆盖到一定程度后，网络技术创新这套马车就会慢下来。这个时候，有很大的市场覆盖，有优良的管理，能够提供低成本优质服务的公司才能生存下来。华为就是要赶在死亡之前，达到这样的规模水平，并在这10年中，努力变革自己，谦逊地向西方公司学习管理，提高效率，并制定优异的人力资源机制，促使员工不断地奋斗，才可能活下来……”

任正非道出了一个企业生存最残酷的定律：大家都在拼命地追赶，但赢者一定是死得最晚的那一个。怎样才能避免早死？唯有艰苦奋斗……

吃苦精神决定前途

青年人走上工作岗位后不久，就会出现两极分化，一部分人成为岗位能手、管理人员，而另一部分人则被淘汰。为什么会这样？往往是后者缺乏一种吃苦精神。

在部队这所大学校里，可以学到很多东西，特别是吃苦精神。许多成功人士都是在部队这座大熔炉里淬火成钢。

如联想的柳传志、万科的王石、海尔的张瑞敏、华为的任正非、华远集团的任志强、国航的李家祥、慧聪国际的郭凡生、中粮集团的宁高宁、凤凰卫视的刘长乐、杉杉集团的郑永刚、科龙的潘宁、双星的汪海、广汇集团的孙广信、金融街网站的宁君、金花集团的吴一坚、宋城集团的黄巧灵、中远三林集团的徐泽宪、华谊兄弟的王中军、慈济体检的韩小红、万达集团的王健林、扬子江药业的徐镜人、美丽集团的欧阳祥山等等，可谓群星璀璨。

万科集团老总王石说："与其说是哪个人影响了我，还不如说是哪一段经历影响了我。对我而言，最重要的就是当兵的经历。我的部队生涯给了我许多正面的有意义的帮助。"

现在军校一直保留着一种"吃苦"训练。比如每天早晨5公里或10公里越野训练，凡跑下来的官兵内衣都湿透了，尤其是夏天、冬天，再热再冷也要坚持。兵家有句名言，叫“冬练三九，夏练三伏”。不然毕业后怎么适应作战环境的需要。有的学员说，在学校上四年学，天天进行越野训练，以后再走什么路也不怕了。

在作战部队还有个特殊科目叫“生存训练”，就是把部队带到深山老林里，没有给养，一个星期下来，看你怎么克服困难生存下来，战士除了要找野菜树叶野畜充饥外，还要适应恶劣的环境，笔者在参加中越边境作战中就经过受过这样的训练，感受颇深。

可以看到，任何一份辉煌的成就，都离不开吃苦精神，都是从苦根上生发出来的甜果。在每一位成功者的人生道路上，都有一段苦难的岁月，面对严酷的现实，他们不屈不挠，能忍耐、能吃苦，终于迎来了成功的曙光。

商业奇才霍英东从小家境贫寒，生活是相当艰辛的。为了省下钱读书，霍英东常常不坐电车，花半个钟头急步上学。放学回去后还要帮妈妈记账和送发票。他后来回忆说：“这种紧张生活，经常弄得我筋疲力尽，头昏眼花，甚至神经衰弱。不过，这对于我又是一个极好的锻炼，使我走入社会以后，不管生活多么艰辛，工作多么繁忙，自己也不怎样畏惧，倒是能够从容对待。”

当年宗庆后创业时手上握有借来的14万元巨资，但他只是简单地粉刷了一下墙壁，买了几张办公桌椅，就开张了。因为舍得吃苦，只要有人需要冰棍，不论刮风下雨还是烈日酷暑，宗庆后都会准时送货，赚取几厘钱的利润。后来，凭借自己摸爬滚打建立的销售网络，宗庆后成立了娃哈哈集团。

现在许多大学生因为家庭条件优越，从小缺乏吃苦精神。为了在部队补上“吃苦”这一课，刚入学时都要接受军训。虽说比部队新兵入伍的集训要求松多了，但许多大学生还是受不了，腰疼的、脚疼的，说起来哪都不舒服。但经历过军训，许多学生都说，以后就业到了单位无论干什么都不怕了。

那些从军营里走出来的成功人士都有一个认知，就是财富不仅仅在于物质层面，更关乎人的精神层面，而后者更加丰富、宝贵和永恒，因为这是克服困难、走向成功和辉煌的强大力量。

只要拥有拼劲，就能走向成功

一直以来，人们崇尚“学而优则仕”。但从许多成功人士的人生经历中，却得出截然不同的答案。

比如，香港景泰蓝商人陈玉书就是一个例子。1980年，陈玉书在北京白手起家，开始从事景泰蓝生意。从40元钱做起，到亿万富豪，他仅用了10年时间，成为海内外知名的“景泰蓝大王”。

延安时期的“抗大精神”就是这样一种拼搏精神。抗大的前身是抗日红军大学，1936年6月创办，在全面抗战爆发的前夕，“红大”改为“抗大”，校址由陕北瓦窑堡迁到延安。当时，在战争年代的艰苦条件下，抗大办学面临着极大困难，没有校舍，自己动手开挖窑洞；没有教学设备，就用小石块做凳子，大石块做讲台，石壁当黑板，膝盖当课桌；没有纸张，就把废线装书或敌人撒的传单翻过来订成本子做笔记本，在书本的空白处做讲堂录，有人还用桦树皮订成“小本子”；没有笔就用树枝当笔，大地为“纸”，练习写字做题，若能得到一个蘸水笔尖，插进弹壳里，就是一支上乘的“自来水笔”；在日用品奇缺的情况下，学员用旧墨水瓶做油灯，用草木灰过滤碱水代肥皂洗衣服，用猪鬃制成牙刷，用食盐代牙膏……毛泽东在“抗大”讲课，看到这种情况后诙谐地说：“你们是过着石器时代生活，学习当代最先进的科学——马克思列宁主义。”

在敌后的抗大分校，学员们白天一起床就打着背包，一边走一边上课。就是在这样艰苦的条件下抗大学员们磨炼了革命意志，培育了艰苦奋斗的作风。毛泽东赞赏说："抗大像块磨刀石，把那些小资产阶级意识——感情冲动、粗暴、浮躁、没有耐心等等的意识，磨个精光，把自己变成一把雪亮的刺刀，去革新社会，打倒日本。"

从抗大毕业的学员，经过艰苦奋斗的锻炼，许多都成为抗日精英。他们在环境十分险恶的日伪统治区开辟根据地，敢于和日本鬼子"亮剑"。日军侵华司令官冈村宁次把抗大视为眼中钉，每次扫荡首先扫荡抗大，扬言说宁愿用十个日本兵换一个抗大学员，用50个日本兵换一个抗大干部和教员，因为这是种子，用50个换一个也值。

抗大的影响是巨大的，有人说，孙中山办了个"黄埔军校"，毛泽东办了个"抗大"，黄埔只打下了半个中国，抗大却打下了整个江山。

即使是在新中国建立以后，抗大精神仍然激励着当地人民艰苦奋斗，治山治水，硬是将昔日的穷山沟，变成了今日的太行明珠。

著名财经作家吴晓波在《激荡三十年》中记述了改革开放三十年中国企业的风云变化。书中大量具有研究价值的企业案例证明：拼搏奋斗是创业成功的共同秘诀所在，离开了这种精神,再美好的梦想都只能是空想。

在相对艰难环境下成长起来的中国民企，如海尔、联想、阿里巴巴等，都经历过千辛万苦的创业历程，可以说他们的辉煌史就是一部艰苦奋斗的创业史。

有人曾经追问鲁冠球成功的秘诀，他的回答一贯很朴实："吃苦流汗。人说'世上三苦，打铁摇船磨豆腐'，我除了没有磨过豆腐以外，其余的苦头都算是吃过了。现在我深深地感到，创业确实要吃苦流汗，谁流的汗水多，谁的业绩就创得大，一分耕耘总是有一分收获。当然，要不断创业，就得不断付出辛勤的劳动。”

其实，拼搏奋斗精神对每一位职场人士都至关重要。不怕困难多，就怕没有吃苦精神。没有资金可以找银行借贷，没有技术可以从外头引进，没有人才可以自己来培养，但如果没有吃苦精神，就成了精神上的乞丐，在茫茫黑暗中前行，别人是帮不上忙的。

第八章
雷厉风行

雷厉风行的主要特点是快，闻风而动，立即行动。兵家有句名言，叫“兵贵神速”。刘伯承元帅说过，“时间就是军队，时间就是生命，时间就是胜利。”军队如此，企业也是一样，谁行动得快，谁就主动，谁就能抢占先机，夺取胜利，收获成功。

抓住战机，速战速决

雷厉风行是一种无形的作风，人民军队从建立开始就格外注重这种作风的培养，成为解放军战斗力的重要组成部分。

“时间是一种力量。有时作战增加一个营、一个团都不能解决问题，而提早一个钟头就可能解决问题。如果你是进攻，就把敌人抓住了；如果你是退却，就能摆脱敌人。在这种情况下，争取一个钟头抵得上一个团、一个师的力量。”

红一军团敢于打恶仗，打险仗，关键时刻能上得去。英勇顽强不怕死，多次得到毛泽东、朱总司令称赞，就是因为雷厉风行的战斗作风。

关于这方面，徐向前元帅曾经写下《红四方面军的战斗作风》一文，专门阐述部队作风建设，将红四方面军的作风概括为“狠、硬、快、猛、活”五个字。其中的“快”就是强调首长指挥果断，部队动作神速，“静如处子，动如脱兔”，在战役组织的各个环节都能争分夺秒，抓住战机，速战速决。徐向前认为，红军有了这些优良作风，就能够打不垮，拖不烂，以小敌大，战胜强敌。

在许多关键的时候，解放军就是靠这种作风，抢先一步，取得胜利，在许多危险的时候，靠这种作风转危为安。

凡是看过《南征北战》这部电影的人，都知道有一个摩天岭。国民党一个军逃走时，必须经过摩天岭。解放军派了一个营在这打阻击。当时，解放军在山南，敌人在山北，部队都在山下，双方都想抢占摩天岭，因为谁抢占了这个制高点，谁就能取得胜利。于是双方展开了一个爬山比赛。敌人这一边的山是个慢坡，比较好爬，解放军这一边的山坡是一个陡坡，不好爬。但敌人爬山时，爬一阵歇一阵。而解放军战士雷厉风行，跑步上山，遇到山崖，搭起人梯往上爬。当解放军爬到山顶时，刚架好机枪，敌人也上来了，双方距离只有几十米，时间只差几分钟，解放军战士一阵机枪，手榴弹就把敌人打了回去。由于解放军抢占了制高点，敌人一个军被堵在山下过不去。为大部队包围敌人赢得了时间，为整个战斗的最后胜利立了一大功。

还有一个朝鲜战争中的例子。打二次战役时，美伪军几个师都被志愿军包围了，敌人一看不行，就拼命逃跑。当时，敌人逃跑必经之路有个三所里，只要堵住三所里，敌人就会大部被歼灭。当时担任阻击任务的志愿军38军113师在冰天雪地里急行军120公里，比敌人只提前5分钟，占领了阵地。这一仗，志愿军歼灭敌人3万3千多人。

奇袭白虎团也是以快制胜的典型战例。在金城反击战争中，志愿军决定派出穿插部队，首先打掉敌人指挥机关，使之“群龙无首”，战而胜之。担任穿插任务的是68军203师607团侦察排副排长杨育才。杨育才带领一个侦察班，夜间连续穿过敌人四道封锁线，到达指定位置，包围了南朝鲜王牌军白虎团的团部，一阵机枪手榴弹就端掉了敌人的团部。这一仗打得干脆利索，侦察班从出发到抵达敌人团部，只用了3个小时，歼灭敌人100多人，只用了15分钟，彻底打乱了敌人指挥体系，为志愿军围歼敌人创造了条件，金城反击战，我军歼敌7万多人。战后，志愿军总部为表彰杨育才的特殊功绩，授予他“一级战斗英雄”称号，侦察班被记特等功。

商场如同战场，抢时间争速度同样是成功的必备条件。美国战略规划研究揭示，在世界500个成熟的行业中，第一个进入市场的企业平均市场占有率达29%，早期跟进的企业平均占有率为15%。抢先，意味着争跑，意味着抢位。步入社会就会发现，没有人等待你准备好了，再发令让你起跑。

万达集团董事长王健林曾如此说：“快是我们的竞争力，是公司在十几年的实战中操练出来的。在万达集团，每个人都只做一件事情，各人都在自己熟悉的领域演练成长。这样不仅能缩短建设期，采购成本也能节省很多。现在除了大鱼吃小鱼，还讲快鱼吃慢鱼，因为快的效益要大于慢的效益。”

有了雷厉风行的作风，打仗时，乘胜追击，不给敌人任何喘息的机会，不怕牺牲、不怕疲劳和连续作战；没有战机时可以创造战机，有了战机可以抓住战机，处于被动地位就可以转为主动，处于主动时就进一步扩大战果。说干就干，不拖、不等、不推，以快制胜，何愁不能打胜仗呢？

快速反应，决不拖延

现代战争发展要求部队快速反应，决不能拖泥带水。

比如苏-30飞机飞得并不高，但对地面部队看得很清楚，至于各种侦察卫星更加先进，对地球上的一棵树，一棵草都可以看清楚，各种精确制导武器，在距离几千里处打击一个目标，差距只有几十公分。苏联车臣武装头目巴扎耶夫在作战中只因为打了一个电话就被发现，几分钟就受到了导弹袭击，毙命身亡。伊拉克的萨达姆也是因为打电话暴露了目标被美军逮捕的。国际恐怖组织头目本·拉登隐蔽了10年，因助手的行踪暴露了目标，最后被美国空降兵包围，中弹身亡。所有这些，都对快速反应提出了很高的要求，谁反应敏捷，行动迅速，谁就掌握主动，谁拖拖拉拉，谁就失败，甚至灭亡。成功与失败只在一瞬间，这就是信息时代的特点。

1984年，笔者在云南老山参战时，亲眼目睹过一场战斗。一天，作战处长报告军长：越军有一个车队在前方，军长打不打？军长听后，马上喊来了炮兵师长说：我们下决心打。炮兵师长马上点头回答：同意。5分钟后，敌人阵地上就燃起了大火，敌车队遭到毁灭性打击。从接到报告到消灭敌人只用了5分钟，这就是雷厉风行的厉害。

作为一名军人，必须随时都有“马上出征”的思想准备，要有一个“敢于去为、敢于去干、敢于去承担”的精神状态。只要有了这种精神状态，有了这种雷厉风行的战斗作风，有了这种随时准备出击，而又能一心要夺取胜利的英勇气概，那么，不管你来到一个怎样陌生的环境里，遇到了何等巨大的困难，也会马上适应和振作起来，去克服它，战胜它。

当今时代，对市场的快速反应，越来越成为决定企业成败的关键因素。谁能够敏锐地发现市场需求，快速组织资源，形成产品或服务，谁就能赢得商机，占据主动。

零售巨商美国沃尔玛公司的制胜之道就是“快速反应”，这使得它的销售额增长速度比竞争对手快三倍。就连最具执行力的通用电气公司董事长兼CEO杰克•韦尔奇也说：“我学到了沃尔玛的快速反应理念，并将其移植到通用电气公司文化中。”

现在许多企业都在搞信息化，不管使用什么IT先进技术，采取哪些再造措施，实际上所要解决的就是开发和利用信息资源，以便及时发现市场需求，进而满足市场、赢得市场。搞信息化建设往往耗资巨大，但为了在商业竞争中抢时间，争主动，企业家们不得不倾囊投入。

可话说回来，如果企业员工没有养成雷厉风行的好作风，缺乏时间观念，决策迟缓，办事拖拉，那么花巨资搞信息化所抢出来的时间，会被轻而易举地浪费掉。而唯有积极主动才有胜利。积极行动就是要以最快的速度完成上级布置的任务，甚至不需上级催促和监督就能出色地完成任务。当你养成这样的工作习惯时，你就掌握了成功的主动权。

在工作中常常有这样的情况，很多员工有好的想法或创意，但却疏于行动，不愿把想法或创意在工作中去实现。因为那样有可能比一般工作更耗费他的精力和时间，为了图个“清闲”和“安逸”，便把好的想法和创意当成“待用品”一样闲置。这些只想不做的人，自然是无法获得成功的。

许多有经验的成功人士都奉行四条原则：

一是不要等到条件都具备了才开始行动，应立即行动。如果你想等条件都具备了才开始行动，很可能永远都不会开始。

二是要做一个实干家。要实践，而不要只是空想。你有好的创意要告诉老板吗？那今天就要行动起来。因为只有行动，你才可以实现更多的想法，并在其过程中产生更多新的想法。

三是执行比想法更重要。想法当然很重要，但是它只有在被执行后才有价值。一个被付诸行动的普通想法，要比一打“等待好时机”的想法更有价值。如果你有一个真的很不错的想法，那就应该立即行动。

四是用行动来克服不自信。行动是治疗不自信的最佳方法。万事开头难，一旦行动起来，你就会建立起自信心，事情也会变得简单和从容。

无数事实说明，成功在于意念，更在于行动。制定目标是为了达到目标，目标制定后，就要付诸行动去实现它。如果不行动，再好的目标也变得毫无意义。实现目标的捷径不是靠你的天分，更不是靠你的等待，而是靠你的实际行动，行动才是实现目标的关键。

正如世界著名企业家杰克•韦尔奇所崇尚的原则：最少的监督，最少的决策拖延，最灵活的竞争。

看准就做，以快制胜

抢时间、抢速度、抢占先机，先声夺人，抓住机遇等等，体现的都是雷厉风行的作风。有了这种作风，就能当机立断，再加上判断正确，就能获得巨大成功。

红军长征时毛泽东指挥红军四渡赤水，以二万人对付国民党军几十万人，时而向东，时而向西，忽南忽北，在敌人的包围圈里自由穿行，始终牵着敌人的鼻子走，最后甩掉了敌人，巧渡金沙江，写下了军事史上的精彩之笔。毛泽东雷厉风行的决策都是出自对敌情的正确判断，才创造了“四渡赤水出奇兵”的英勇战绩。

但什么事情都是有条件的，判断正确，快速可以创造奇迹，反之，如果判断错了，快不仅不能达到预期目的，反而会招来灭顶之灾。

反过来再看看蒋介石，解放战争初期，国民党以八百万军队对付解放军一百万人，大兵压境，气势汹汹，蒋介石指挥各路大军全面进攻，而解放军避其锋芒，大踏步后退，寻找机会歼敌。为了抢占头功，华东地区国民党王牌军74师师长张灵甫快速前进，很是得意，国民党电台如此报道：“国军进展神速，共军节节败退……”殊不知，解放军早已布下了口袋，等着敌人往里钻，结果在山东孟良崮地区第74师全部被歼灭，师长张灵甫也当场毙命。在其他战场上也是如此，国民党军队一旦成为孤军，就为解放军集中兵力歼敌创造了机会。

毛泽东论领军之道时强调，两军作战，一是先下手为强，该出手时就出手，狭路相逢勇者胜。他批评春秋战国时代宋襄公一味讲仁义道德，当断不断，丧失战机的战法为“蠢猪式战法”。二是先让一步，看准了再打，他列举水浒传中的故事说明，两个拳师对阵，聪明的对手先让一步，看准了对方的弱点然后出手，把对方打翻在地。两种战法不同，是因为情况不同，毛泽东把这种战法比喻为“看菜吃饭，量体裁衣”，讲的都是要看准，要判断正确。根据实际情况而定，这是事物发展的客观规律。

在战场上以快制胜，讲究判断准确，在商场上也是一样。凡是能成就事业的，特别是从军营走出来的企业家，都具有这种成功素质。

优秀军旅企业家房秀文在《兵商如铁》一书中写道：“军人是什么？军人就是军队这架作战机器上的一个零件，无论你当兵时间长短，也不管你年龄多大，只要一戴上领章帽徽，就必须完成交给你的那份任务。特别是到了战场上，战斗打响了，还允许你商量吗？还允许你适应吗？还允许别人去带你一段时间吗？那是不可能的！是指挥员，就要不容分说，立即到你的岗位上去，指挥部队作战；是战斗员，就要马上投入战斗，奋勇去和敌人拼杀。战场如此，商场也应该如此。”

房秀文说，虽然他对企业这一套很生疏，但只要坚信一条，既然它是一种企业行为，就一定会有自己的规律，而这种规律又会在运行过程中显现出来。而自己需要做的只有一条，就是认真观察、判断，看准了就干。

军营里有首军歌叫“说打就打，说干就干”，然而，打要打得准，干要干得好，则需要正确的判断。在战争中成功的突击、阻击和伏击是如此，在激烈竞争中的商场搏击也是一样。

第九章 刻苦学习

“学习型军人”将成为制胜未来的主角，“知识型战斗力”将成为新型战斗力的主流。一名军人不加强学习，就等于在激烈拼杀中自废武功。一支军队不加强学习，就等于在未来战争面前单方面裁军。刻苦学习，是团队取得成功的必由之路。

学习能力是团队战斗力的源泉

学习能力是团队战斗力的源泉。人民军队从建军开始，就把学习摆在第一位。

建军之初，参加革命队伍的绝大多数是农民，毛泽东看到了这一点，如何把以农民为主体的红军改造成为无产阶级先锋战士，需要学习。对中国以农民为主体的革命军队，斯大林一开始都有置疑，认为这和历史上的农民起义军没有什么区别。毛泽东认为有区别，根本的办法就是学习，通过学习马克思主义理论，使红军成为无产阶级革命军队。

毛泽东指出："没有文化的军队是愚蠢的军队，愚蠢的军队是不能战胜敌人的。"而有文化的军队是从学习中打造出来的。

从带领起义军上井冈山开始，毛泽东就把学习作为建军之本，他自己也是刻苦学习的楷模。早在1921年建党前他就看过《共产党宣言》，一生都把这本书带在身边，反复学习,先后看过一百多遍。直到毛泽东逝世，这本书还摆在床头。身边工作人员都知道，毛主席嗜书如命，在转战陕北时，马背上驮的大部分都是书籍。到了晚年，毛泽东得了白内障，看不清东西，就让工作人员念书给他听。

经过几十年的刻苦学习、艰苦奋斗，不足千人的队伍成为百万雄师，不识字的农民军成为能征善战的强大军队。到了新中国建立前后，毛泽东麾下谋士如云、战将如雨。1955年人民解放军评定军衔时，涌现出十大元帅、十名大将，上将65人，中将265人，少将1800多人，形成了一支数百万人的伟大军队。

然而谁能想到，二十年前，在这一大批杰出的将帅中绝大多数都是不识字的农民。以彭德怀为例，小时候他是一个要饭的，肚子都吃不饱，哪有钱读书上学，参加革命队伍后，刻苦学习，身经百战，成为军事谋略超人的军事家，日军侵华司令官冈村宁次都怕他。在朝鲜战争中，美国联合国军司令麦克阿瑟也不是他的对手。在人民军队将领中，像彭德怀这样杰出的军事家不在少数。

新中国建立前夕，毛泽东说，过去我们熟悉的东西有些快要闲起来了，我们不熟悉的东西正在强迫我们去做，所以我们必须“重新学习”。

改革开放以后，中国走上建设有中国特色的社会主义道路，邓小平说，这是一场深刻的伟大革命，号召全党要“重新进行一次学习”。

面对中国特色社会主义事业的新发展，江泽民强调指出，我们不懂得、不熟悉、不精通的东西还很多，或者过去懂得的、熟悉的东西，随着科学技术的迅猛发展和知识的迅速更新，又变成不懂得、不熟悉了，怎么办？唯一的办法就是加强学习。

进入21世纪，胡锦涛反复强调全党、全军、全社会都要加强学习，并身体力行、率先垂范、带头学习。“十六大”胡锦涛担任总书记后，组织中央政治局开展集体学习，平均每年九次。党中央还专门召开会议，提出建设学习型政党、学习型组织，把学习问题提到了崭新的高度。

回顾党和人民军队的历史，可以说，一部中共党史，就是在学习中建党、在学习中不断成长成熟的历史；一部人民军队历史，也是在战争中学习战争、进而赢得战争发展壮大的历史。

企业与军队有太多的相似之处，都需要不断学习，成长壮大。特别是在知识经济社会条件下，科学日新月异，信息瞬息传递，新知识、新经验、新创举层出不穷，每天大量的知识奔涌而来。面对这一切变化，就要不断增强学习能力，才能适应变局。因此，现代企业的领导者又有了一个新的责任，那就是打造学习型团队。

畅销书《第五项修炼》的作者彼得•圣吉在调查中发现，1970年名列美国《财富》500强排行榜的大公司，10年后有三分之一已经销声匿迹。那些在变化的时代中反应迟钝、行动迟缓的“恐龙级企业”，最后被市场无情地淘汰了。彼得先生通过研究得出一个结论：应变的根本之道在于学习、只有学习才能跟上变、适应变、超越变。

人是有惰性、有惯性的，喜欢待在自己舒服的环境里面。但在IT这样的行业经常有一句话叫“拥抱变化”。微软每半年组织结构就会发生一次变化。这个行业就是要打破这种舒适圈，每隔半年、每隔一年都要有变化，要拥抱这种变化才能有机会。如果你觉得没有可学习的东西了，也就意味着竞争力在衰退。

况且，个人英雄主义的时代早已结束，需要所有员工一起学习，一起创造，一起投入工作，创造一个共同学习工作的气氛，提高整体实力，这样企业才能立于不败之地。

杰克•韦尔奇任通用公司第八任首席执行官后，与其同仁发起了一场创建学习型企业的运动。20年后，美国通用电气公司的年净利润达到127亿美元，名列美国《财富》2001年度“世界最受赞赏的知识型企业”和2002年度全美十大最受推崇企业首位。

在即将离任的年度大会上，杰克•韦尔奇自豪地宣称，美国通用电气公司成为了一个不断学习的公司，一个士气高昂、充满好奇的企业。说到学习型企业的创建经验，他说，“把学习转换成行动的做法——这是最大的优势。”

联想公司曾推动一种叫做“复盘”的学习模式。“复盘”就是把做过的事情重新再做、再想一遍。大到战略性的问题，小到一个具体会议的组织，都要重新思考一遍。原来定的目的是什么？通过了哪些预定的方法？实际做的时候环境发生了什么改变？对自己的理解和预定是不是正确的？最后再想想重来一遍自己会怎么做。“不断老这么想，逼着自己去这么想，勤动脑，学习能力一定会大有提高。”

联想公司著名的“管理三要素”，即“建班子、定战略、带队伍”的形成，就是联想集体复盘、集体智慧的结晶。这三要素在联想合并IBM个人电脑业务和后来多元化竞争的过程中，都对联想的成功起到直接的作用。

把核心价值观融入思想教育活动中

毛泽东说，进行思想教育，是团结全党进行伟大斗争的中心环节，如果没有先进的理论灌注于士兵当中，党的一切重大任务是不可能完成的。

对于解放军来说，思想教育与学习是很难分开的，有时是结合在一起的。从一定意义上讲，教育者开展教育活动是学习，受教育者接受教育也是学习，因此，思想教育活动本身就是一种学习，这是人民军队经常采取的学习方法。

毛泽东率领起义部队上井冈山时，一路行军，一路进行思想教育。起义失败后，部队集中在文家市，当时坚持“左”倾路线的人一定要打长沙，毛泽东反复说服大家，我们这么少的人不能打大城市，只有到敌人统治力量薄弱的地方开辟根据地才有出路。大家听毛泽东讲得有道理，便向井冈山进军。起义军到达江西三湾后，毛泽东针对部队官兵信心不足等许多问题，对部队进行了整顿。他把部队集合起来亲自讲话说，革命是自愿的，不能强迫，愿意干的站在一边，不愿意干的站在一边，发路费可以回家。毛泽东还以贺龙两把菜刀闹革命的故事教育大家，增强了官兵对胜利的信心。同时，毛泽东把部队缩编成一个团，在团、营、连各级建立党组织，设立党代表，把党支部建在连上，军队内部实行民主制度，使军队处于党的绝对领导之下，增强了凝聚力，提高了战斗力。这就是解放军历史上著名的“三湾改编”。

罗荣桓回忆说，三湾改编使解放军获得了新生，如果不是毛泽东的领导，不对部队进行教育改造，这支军队不是被敌人消灭，就是变成流寇。

毛泽东带领部队上井冈山后，在开辟革命根据地时，针对部队违反群众纪律的问题，制定了“三大纪律八项注意”；针对部队单纯军事观点，提出了红军的“三大任务”。就是经过这样一步一步地教育改造，建立了一支真正的新型人民军队。

思想意识的培养、形成是一个系统的过程，光靠教导是远远不够的，需要在教育训练、日常养成、谈心等方面共同努力，融入到部队生活的方方面面。

解放战争时期开展的新式整军运动，就是一次成功的思想教育活动。

在这场教育活动中，分为三步走：第一步是组织大讨论。题目是“谁养活谁”“为谁当兵，为谁打仗”。战士们通过述说家史和贫富对比，明白了是“穷人养活了富人”。第二步是“挖苦根”。请驻地贫雇农讲受苦挨冻的经历,启发战士们认识到这种苦的根子是地主的剥削和压迫。只有打倒地主国民党反动派，穷人才能过上好日子。第三步是“吐苦水”。连队召开诉苦大会，干部战士上台诉苦，结果人人都有一本血泪账。诉苦大会上，“打倒地主阶级”，“打倒国民党反动派”的口号声连成一片。这一招很厉害，从根本上提高了干部战士的阶级觉悟，提高了战斗力。

经过诉苦教育，使原来问题最多的三纵队官兵思想面貌发生了很大变化，成为解放军响当当的铁拳部队。后来这支部队改编成40军，成为第一批入朝参战部队，打响了抗美援朝第一枪。

1948年3月7日，毛泽东在为人民解放军总部起草的《评西北大捷兼论解放军的新式整军运动》的评论中，高度评价开展诉苦三查运动的伟大意义。毛泽东说：西北野战军在过去一次最多歼灭敌人两个旅，现在宜川一战就歼灭敌人五个旅，取得胜利的原因很多，但开展诉苦三查运动是个重要原因。

新中国成立后，解放军经常开展这种教育活动，创造了许多新的经验。如经常性思想工作、经常性思想教育、经常性谈心活动等。军委总部多次制定修改的《思想政治教育大纲》，对思想政治教育的性质地位、主要任务、基本原则、各级职责，教育内容、时间、方法、制度以及教员上课等，提出了很具体、很规范、很有操作性的要求，成为全军开展思想教育活动的依据。

不仅解放军如此，事实上世界上许多国家的军队都非常重视思想教育，就拿“价值观教育”来说，在美国军队同样叫得非常响亮。忠于国家、无私服务、牺牲奉献、诚实正直、团结友爱等这些我们耳熟能详的“口号”，在美军营内随处可见。

其实，任何组织都是这样，没有统一的思想、没有共同的愿景和价值观，是无法建立起一支有战斗力的正规军的。

现在许多企业都重视价值观教育，与解放军的思想教育活动如出一辙，尤其是在那些从小公司脱胎而来、员工思想还没有完全职业化的企业中，更是如此。

在华为发展史上，围绕价值观的思想教育活动开展得如火如荼。从“华为基本法”的大学习，“产品研发反幼稚”的大讨论，到“无为而治”的命题作文，高层发起、自上而下、层层推进式的学习运动，成了华为变革的招牌模式。通常以任正非一篇著名的讲话为中心点，衬托着其他公司高层人士的发言，接着就是全员的学习和讨论，以及正面人物的宣传，反面人物的警示等等。对于老员工，运动意味着机会和考验；对那些刚刚走出校门不久的新员工来说，也在强烈的震撼中不知不觉地接受了华为的价值观。

这种学习成为华为超越竞争对手的秘密。正如任正非所言："我可以告诉你，释放出我们十多万员工的能量的背景是什么？就是近20年来，华为不断推行的管理哲学对全体员工的洗礼。如同铀原子在中子的轰击下，产生核能量一样，你身上的小小的原子核，在价值观的驱使下，发出了巨大的原子能。"

从战争中学习战争

据吴黎平回忆，一次有人问毛泽东：主席，你指挥打仗这么好，你是从哪里学习军事的？毛泽东笑着说：我在师范上学，当教员出身，哪里学过什么军事？他接着说：固然有些人经过军事学校学习后再去打仗，但我们红军中更多的人是从战争中学习战争，边打边学习。

解放军成长起来的许多高级将领，都是从战争中学习，有了文化，成为将军的。解放军著名将领“三杨”——杨成武、杨勇、杨得志当兵前都没上过学。杨得志家里是佃农，没有一亩地，靠父亲打铁为生。杨得志从小跟着父亲打铁，父亲去世后就跟着哥哥到安源煤矿去挖煤，受不了工头的压迫，又去修路，修了路工头又不给钱，杨得志一看活不下去了，就当了红军。杨得志回忆说，他从小一天学也没上过，都是在部队斗争实践中跟着班长、连长学的，一天学一个字，一年就是几百个字，后来成为有名的战将。红军时期他是团长，抗日战争时期是晋察冀军区司令员，解放战争时期是兵团司令，抗美援朝时开始是副司令员，后来彭德怀回国他是代司令员。

关于在战争中学习战争，解放军的成功经验是：

第一，从总结经验中学习，特别是总结失败教训。

例如，刘伯承元帅有个工作习惯，每次作战结束后，都要专门召开一定规模的总结讲评会，进行战术总结和政治思想总结，而且总是将两个总结放在一起搞，既肯定成绩和进步，又找出缺点和不足，进而明确今后打仗应继续发扬什么，注意克服什么，这样就使部队每打一仗，不仅指挥方法上有进步，思想作风等方面也能得到提高。当年刘邓的许多老部下回忆，这样的总结讲评会就是最好的课堂，每次都能学到许多管用的东西。

从战争中学习战争，谁最有资格当老师？毛泽东认为，“真正亲知的是天下实践着的人”，在一线工作的基层官兵是最好的老师。因此，他一再要求各级领导和机关干部深入实际，深入群众，拜有实践经验的基层官兵为师，虚心向他们学习。毛泽东曾说：“我们练兵的口号是：‘官教兵，兵教官，兵教兵。’战士们有很多打仗的实际经验。当官的要向战士学习，把别人的经验变成自己的，他的本领就大了。”

在毛泽东的大力倡导和直接组织下，解放军历史上曾开展过多次群众性练兵运动。例如，1944年中央军委发出《关于整训军队的指示》，要求全军利用抗日战场处于胶着状态，日军一时无力向我发动大规模“扫荡”的有利时机，从政治、军事两方面进行整训。根据这一指示，敌后各抗日根据地的部队普遍开展了以射击、投弹、刺杀、爆破和土木作业五大技术为主，以游击战术和攻坚战术为辅的军事训练。官教兵，兵教官，官兵互教，教学相长的练兵方法，就是在这次整训中提出来的。

20世纪60年代初，解放军大规模地推广过“郭兴福教学法”。叶剑英元帅曾亲自概括出“郭兴福教学法”的五个特点，其中第一条就是：在教学中抓活的思想，充分调动练兵的积极性，能够发扬教学民主，集中群众的智慧，实行官兵互教，评教评学。

有一本描写苏联卫国战争时期的书——《钢铁是怎样炼成的》，就钢铁而言，需要千锤百炼，就人而言，也需要反复摔打，在战争实践中成为出色的人才。实践是学习者到一定的阶段必须经历的途径，没有经历这条途径的学习者，不会成为有用之才。

其实，人生就是一个不断实践的过程，是对自己梦想的实践，是挑战不同阶段、不同目标的实践。在这种历练的过程中，每一个人能把自己埋藏在冰山下面的潜能，转化为巨大的能量。

从一名职业经理人成长为成功的创业者，敦煌网总裁王树彤把它归功于职场历练。一进微软，王树彤就被打击了一下，“蜀中无大将，廖化作先锋”，面对国际一流企业的专业人士，国内的职业经理人显得那么稚嫩，台湾上司告诫大家要卧薪尝胆，并说这样的差距也存在于台湾和欧美之间，不如别人就要去学习，不要考虑面子的问题，学成了就是自己的东西了。

这些话对于好强的王树彤来说是一种刺激，虽然说是赶鸭子上架，“只不过这个鸭子比较勇敢，每一次碰上要上架的时候就勇敢的上去了，经过很多的锻炼，这个鸭子也变得越来越自信。”

王树彤拼命地学。一周七天，每天工作到深夜十一二点。一路狂奔的结果是，在同期进入微软的员工中，她是提拔最早、最快的。

聪明人就是这样，不会放过任何从实践中学习的机会，因为他们深深懂得，没有比这更快、更让人进步的方式了，其价值远胜于一次发财获利的机会。错过这样的机会，实在是一种莫大的遗憾。

最强有力的学习是自我批判

无论是在战争年代还是和平建设时期，解放军许多将领能够学习成长为卓越的领导者，都得益于批评与自我批评这个思想武器。

在延安干部会议上，毛泽东先后发表了三个重要讲话，《改造我们的学习》、《整顿党的作风》、《反对党八股》，推动了整风运动。整风主要通过学理论读文件，联系实际进行检讨，总结历史上的经验教训，最后达到统一认识的目的。基本方针是："团结——批评——团结""惩前毖后，治病救人"，就是从团结的愿望出发，经过深入的批评与自我批评，最后达到团结的目的。对犯错误的同志不着重追究个人责任，而着重分析其犯错误的环境和原因，以达到把错误除掉、把人留下两个目的。

有人认为整风就是整人，这完全是一种误解。王明是犯错误最严重的一个，经过学习，他承认了错误，召开"七大"时，许多人不原谅他，但毛泽东做了很多工作，说服大家还是选他当了中央委员。凯丰犯的错误也很严重，遵义会议上他坚决反对毛泽东，认为他不懂马克思主义，只懂点孙子兵法，最后毛泽东还让他担任中央宣传部长重要职务。当然，在整风运动中也出现过一些偏差，如康生搞的"抢救失足者"运动，整错了一批人，但毛泽东发现后立即进行了纠正。在一次大会上，毛泽东对受了委屈的同志深深鞠了一躬，表示歉意，这些人都很感动。

斯大林搞过整风，叫做“肃反”，把大批他认为有问题的人清洗出去，在中共党内的陈独秀搞家长制，不让别人讲话，瞿秋白、李立三搞惩办主义，谁错了就整谁、处分谁，王明搞“残酷斗争、无情打击”，错整错杀了成千上万名干部，给党和人民军队造成了巨大损失。而延安整风中的批评与自我批评，重点是放在学习上，放在提高思想觉悟上，放在治病救人上，放在加强团结上，从这个意义上讲，这是一种积极的批评与自我批评。

延安整风，创造了一种全新的组织建设模式，从根本上改造了全党的学习态度、学习方法和学习制度，极大地增强了全党的凝聚力和战斗力，加快了中国革命胜利的进程。全党紧密团结在毛泽东的旗帜下，很快赢得了抗日战争、解放战争的伟大胜利，建立了社会主义新中国。

据说，蒋介石败逃到台湾后，常与蒋经国探讨这样一个问题：共产党究竟是怎样治党的？蒋经国曾认真地建议他：“不妨研究一下共产党延安整风学习的文件，特别是毛泽东的一些著作。”蒋介石真的找来学习，看后毫不掩饰地表示欣赏，并仿照这一运动对国民党进行改造。所以有人说，20世纪60年代广泛评选学毛选积极分子时，没评上蒋介石“有点不公平”。

整风运动中的自我批判，后来成为华为的核心价值观之一。在《从泥坑里爬起来的人就是圣人》一文中，任正非如此总结道：

20多年的奋斗实践，使我们领悟了自我批判对一个公司的发展有多么重要，如果我们没有坚持这条原则，华为绝不会有今天。没有自我批判，我们就不会认真倾听客户的需求，就不会密切关注并学习同行的优点，就会陷入以自我为中心，必将被快速多变、竞争激烈的市场环境所淘汰；没有自我批判，我们面对一次次的生存危机，就不能深刻自我反省、自我激励，用生命的微光点燃团队的士气，照亮前进方向；没有自我批判，就会故步自封，不能虚心吸收外来的先进东西，就不能打破游击队、土八路的局限和习性，把自己提升到全球化大公司的管理境界；没有自我批判，我们就不能保持内敛务实的文化作风，就会因为取得的一些成绩而少年得志，忘乎所以，掉入前进道路上遍布的泥坑陷阱中；没有自我批判，就不能剔除组织流程中的无效成分，建立起一个优质的管理体系，降低运作成本；没有自我批判，各级干部不讲真话，听不进批评意见，不学习、不进步，就无法保证作出正确决策和确实执行。只有长期坚持自我批判的人，才有广阔胸怀；只有长期坚持自我批判的公司，才有光明的未来，自我批判让我们走到今天，我们还能向前走多远，取决我们还能继续坚持自我批判多久。

与此同时，为了避免整风中“残酷斗争、无情打击”的过火行为，华为也着力塑造一种健康的批评气氛：“我们倡导自我批判，但不提倡相互批评，因为批评不好把握度，如果批判火药味很浓，就容易造成队伍之间的矛盾。”任正非明确提出：“我们不是为批判而批判，不是为全面否定而批判，而是为优化和建设而批判，总的目标是要导向公司整体核心竞争力的提升。”

美国人吉布斯说：“对一个人进谏的最好人选就是你自己。”如果说批评是一个人进步的动力的话，那么自我批评则同时还具有动力转换器的功能，自我批评，是为了促使自己更加进取，更有信心，这就是自我批评的价值所在。

学用结合，灵活运用

毛泽东强调学理论、学知识本身不是目的，关键是要从实际出发，灵活运用，学用结合，提高解决实际问题的能力。

根据毛泽东的办学思想，抗大的政治理论教学，从不安排长篇大论地学马列原著，也不讲克劳塞维茨《战争论》一类的东西，而是根据实际斗争的需要筛选教学内容。实际工作最需要什么，就教什么；学员缺什么，就补什么。急用的便先学，“不急之务”则后学或暂时不学。这种从实际出发的学习方式，为人民军队造就了大批人才，成为后来治党、治军的中坚力量。

毛泽东关于学用结合的思想，对许多企业家都有深刻影响。例如，海尔公司张瑞敏提出的培训原则是：“选准母本、清楚目标、找出差距、需什么学什么、缺什么补什么、急用先学，立竿见影。”在培训形式上，他强调“现场、案例、即时、互动”。海尔大学的校训是“创新、求是、创新”，即要求每位学员都带着创新的动机和现有的创新成果入学，通过互动、学习，寻求事物发展的普遍性规律，并将其总结为管理模块，然后再运用到实践中，在新的创新模块平台上进行更高水平的创新，形成一个不断循环、螺旋上升的过程。

在一次央视经济访谈节目中，马云语惊四座：“我发现许多人学MBA

回来后全变傻了。”一句“变傻了”，击中了MBA教育的软肋，那便是“学用分离”。

试想，一个没有在商海中打拼过的人，跟商人们谈一些商场上的生意经，可能只是纸上谈兵，完全不着边际。还有很多没有在基层锻炼过的人，是不可能真正了解基层的喜怒哀乐，就不可能真正了解群众，群众同样不可能了解他们，他们与群众之间总是有着某种距离。

学习如此，员工个人成长更是如此。在明确了职业定位后，就自己现有的专业基础、工作经验而言，达到这个目标还有哪些方面的差距，还有哪些专业上技能上的不足，这才是急需“充电”的内容。

李嘉诚一生从事经商活动，学的几乎都是工商管理知识，这使他逐渐具备了商业方面的卓越才能。据他自己说，文、史、哲、科技、经济方面的书他都读，但不读小说，更不看娱乐新闻，几十年都保持这样的习惯。在李嘉诚心目中，文、史、哲、政、经、科学等知识是一名企业家必须掌握的知识。如果能跟随社会进步，甚至跑前点，那么判断未来的能力会更加准确。李嘉诚的企业王国紧随香港的经济发展，或者更正确地说，是比香港的经济轨迹抢前一步。

李嘉诚瞄准专业读书的方法，带动了一大批人成为专业人才。洪小莲是跟随李嘉诚创业的出色人才，她在长江实业工作了26年，有一件事使她终生难忘。她说：“记得我初到长江时，有一次午饭后，我坐在自己的座位上看报，李先生突然走过来，看到我正在看娱乐版，他说：‘你看这些是在浪费自己的精神时间，全无得益；又学不到什么，值得吗？’我最初的反应是觉得自己在消闲，无所谓。后来细心再想，他实在说得很对，从此我便很留意自己对时间的利用和分配。”洪小莲不止一次向记者说，若她跟的老板不是李嘉诚，今天她肯定会是另一个人。看着自己的老板最初从事塑胶工业，转移做地产，到后来发展港口、通讯、石油等行业，每一门生意技术上的细节，他都能掌握得很清楚，足见其专业知识功底的深厚。

福特少年时曾在一家机械商店当店员，周薪只有2美元多一点。他自幼好学，尤其对机械方面的书籍更是着迷。因此他每星期都把钱用来买书，孜孜不倦地研读，从未间断。当他和布兰都小姐结婚时，只有一大堆五花八门的机械杂志和书籍，其他值钱的东西一无所有；但他已拥有了比金钱更宝贵、更有价值的机械知识。

几年后，父亲给了他200多平方米的土地和一栋房屋。如果他未研读机械方面的杂志书籍，终其一生，只是一个平凡的农夫而已。但已具有丰富机械知识、胸怀大志的福特，如愿朝着他向往已久的机械世界迈进。此时，有的放矢积累的知识，使他如鱼得水地开创出一番大事业，成为世界汽车大王。

俗话说："三百六十行，行行出状元。"学习要因人而异，因专业而异。一个人要想成为某一行业的专家，或希望成为行家里手，就要学习相关行业的知识，这对已经从事某项工作的人来说，是非常实用的。

第十章 不断创新

一分为二，千变万化，融会贯通，人民军队不断创新赢天下，战胜了骄气十足、不可一世的蒋介石八百万大军和装备精良的美军，创造了人类战争史上的奇迹。

创新是解放军制胜的法宝

一支军队只有创造性地发挥主观能动性，创造性地使用武器装备和运用敌方不曾预料的新的谋略战法，才可能夺取胜利。否则，就只能在新的战机和情况面前，丧失主动，导致失败。

从建军以来，解放军官兵无一不是军事领域里的开拓者、战争艺术的革新家，即便是名不见经传的普通士兵，一旦发掘出创新活力，战场上也能以一当十，所向披靡，无往不胜！

中国共产党搞革命，建立人民军队打天下，靠的是马列主义做指导，但各国情况不同，如果照搬照抄，只能导致失败。中国共产党早期领导人中的陈独秀、瞿秋白、李立三、王明都是犯了教条主义的错误而导致失败的。特别是王明，读的书很多，每次作报告，搬上一大堆马列的书，几章几页都背得很熟练，当时许多人都很迷信他，认为他是马列主义专家，但一运用到实践，根本不行，原因就是他只知道背书，照搬照抄，不知道创新。

毛泽东却不一样，他读马列的书，不照搬照抄，而是与中国实际相结合，不断创新，以新的理论指导中国革命。比如走“农村包围城市”的道路，马列书上没有，是毛泽东创造了这个理论。他认为：中国和西方国家不同，西方国家是工业国，工人成分多，只要把工人组织起来，武装起来，占领了大城市，革命就胜利了。俄国十月革命就是这样搞的。但中国国情不同，中国是农业国，主要成分是农民，只能走把农民组织武装起来、占领广大农村、最后再夺取城市的道路。中国革命走的就是这条道路。

“三大纪律，八项注意”是解放军的纪律，看起来简单，也很通俗，总共11条，都是大白话，但就是这些大白话，造就了人民军队钢铁般的纪律。三大纪律，八项注意，在马列的书本上没有，在苏联红军的纪律条例上也没有，但每一条都是真理，每一条都适合中国的国情，如“上门板，捆铺草、不随地大小便”，这都是伟大的创造，如果没有这些纪律，人民军队就会变质。

毛泽东制订的“十六字诀”，即“敌进我退，敌驻我扰，敌疲我打，敌退我追”，也是一种军事上的伟大创造，是解放军从弱到强的制胜法宝。

随着人民军队力量的不断强大，毛泽东又创造了许多灵活机动的战略战术，如“集中优势兵力，各个歼灭敌人”，“先拣弱的打”，“柿子先捡软的捏”，“伤其十指不如断其一指”，“饭要一口一口地吃，敌人要一块一块的消灭”。毛泽东把这些思想概括为十大军事原则，这都是人民军队的伟大创造。

解放战争刚开始，国民党有800万军队，解放军只有100多万人，敌人气势汹汹。国民党军队总参谋长陈诚扬言：“消灭共军只要3个月”，随后发动了全面进攻。解放军面对强敌，主动大踏步退却，避开锋芒，在运动中寻找机会歼灭敌人。华东野战军在山东临沂一带找到了机会，以10万人对5万人，一口吃掉国民党王牌军74师；西北野战军在陕西宜川找到机会，以十几万人对3万人，一口吃掉胡宗南5个旅，歼灭敌人3万人。在各个战场上，解放军运用毛泽东的军事思想打运动战，“打得赢就打，打不赢就走”，有机会就咬一口，吃掉你，吃不掉就走，找机会再吃。搞得蒋介石没有办法，3个月后不仅没有消灭解放军，自己反而被消灭了100多万人，最后不得不放弃全面进攻，转入全面防御。

解放战争中，解放军有了几百万人，也不和敌人硬碰硬，同样讲究机动灵活。三大战役中，辽沈战役解放军以100万对敌人50万，解放了东北。平津战役解放军以150万对敌人50万，解放了华北，淮海战役解放军兵力虽然对敌几乎是1比1，但有民兵和群众100多万人支持，歼灭敌人60万，长江以北全部解放。

有一位国民党的师长被俘虏后，说你们几个师打一个师，算什么本事，咱们一对一的打，试试看！解放军一位团长说，在井冈山时你们经常几万人打我们一万人、几千人，还不是经常打败仗，这叫灵活机动，懂不懂啊？

据说蒋介石逃到台湾后，认真读了毛泽东选集，就把陈诚、胡宗南、白崇禧几位高级将领叫到一起，对他们说，看来我们要学习毛泽东，过去我们一打仗总是搞什么决战决胜，结果一个也胜不了。你看人家毛泽东，打得赢就打，打不赢就走，就像吃饭一样，一口一口地吃，我们几百万军队就这样被他吃掉了。毛泽东总说我们是纸老虎，但每次打仗都当真老虎打，一打就往死里打，最后一个也剩不下。什么叫艺术？毛泽东打仗就是艺术，不服不行啊！

许多退役军人都谈到，经过军营的熏陶，军人的字典里没有“不可能”三个字，打破常规，独辟蹊径，在被认为是 “不可能”的“空白处”生出“能”来。

中国企业往往是各领风骚三五年，但为什么像海尔、联想、万科等企业能够做大做强、成为标杆企业？如果了解创始人的军人背景，就不难发现其中的奥妙了。

解放军有一个创造性打法，即在总体战略上处劣势、防御、内线作战的部队，必须力争在局部战役、战斗上造成优势，实施进攻，变为外线作战。海尔冰箱在美国旺销的案例，正是军人出身的张瑞敏创造性地运用这一兵法的经典版本。当时在美国市场上主流产品大半盯在160升以上的冰箱，对于GE、惠尔普这样的大牌家电企业来讲，看重的是主流产品带来的庞大利润，而160立升以下的市场需求量不大。但海尔在深入市场调研中发现了这一新的商机，开始把火力集中到160立升以下，向全局市场开火。海尔冰箱上市后很快风靡美国大学校园，并迅速占到美国市场50%的份额。

经历过部队熔炉历练的柳传志更懂得创新的意义，他说，如果没有创新，联想可能早就沦为一个平庸的企业了。2008年全球金融危机出现后，联想的业务一个季度曾经亏损2.26亿美元，那时联想已经站在悬崖边上。原先的经验不够用了，克服新危机需要新办法。这时候联想采取了包括改组领导层在内的一系列紧急措施，从那以后联想确实发生了变化，营业额、利润、市场份额都有了大幅增长。

群众路线是创新的源泉

说到创新，领军人物的作用固然很重要，但还是离不开民主，离不开群众路线，群众路线是创新的源泉，毛泽东把群众视为真正的英雄，他认为，只有把群众发动起来，才能集中集体智慧，创新赢天下。

解放战争时期打淮海战役之前，毛泽东有一个设想，派粟裕带领华东野战军渡过长江，形成在长江两岸对敌作战的局势。粟裕经过反复考虑，向毛泽东建议，这个方案虽然很好，但分散了解放军兵力，再说，长江以南都是蒋介石的精锐部队，宁沪有汤恩伯兵团，长沙有陈明仁兵团，两广有白崇禧兵团，解放军一个野战军过去不占绝对优势，不会有太大作为，弄不好还会遭到很大损失，如果解放军集中兵力先消灭了长江以北的敌人，再过江就会对解放军更为有利。毛泽东采纳了粟裕的意见，先打了淮海战役，扫清了长江以北的敌人，才有了“百万雄师过大江”的胜利。

俗语说，三个臭皮匠，顶个诸葛亮。智慧从群众中来，真正靠得住的是群众，群众是真正的英雄。毛泽东多次提出一切工作要经过群众路线去执行的思想，并一再强调群众路线的重要性。他说：“真正的铜墙铁壁是什么？是群众，是千百万真心实意地拥护革命的群众。这是真正的铜墙铁壁，什么力量也打不破的，完全打不破的。反革命打不破我们，我们却要打破反革命。在革命政府的周围团结起千百万群众来，发展我们的革命战争，我们就能消灭一切反革命，我们就能夺取全中国。”。

解放军有一种最传统的会叫诸葛亮会,即每逢大战或急难任务之前,各个连队里都要开这种会,大家共同讨论战术做法。

在红军长征过乌江的时候，部队渡江要架桥，可乌江浪大水急，按常规的架桥方法，不管多大的石头，一放上去，就被河水冲跑了。怎么办呢？部队就开“诸葛亮会”。担任架桥任务的红一军团大多是南方人，参军前都有乘竹排筏子过河的经验，大家七嘴八舌议论说，如果把竹排筏子用绳索连在一起不就是浮桥么？有了浮桥，水大浪急也不怕了。由于大家一起想办法，很快这个问题就解决了。

抗美援朝战争也是如此，开始时志愿军没有任何空中掩护，没有高炮和飞机，也没有雷达，所以入朝参战初期，只能白天在树林中呆着，晚上出来行军打仗。运输军车由于没有掩护，100辆车上去，中途就有40辆车被摧毁，造成部队给养十分困难。志愿军必须攒够一个星期的弹药干粮，才敢发起一次冲锋，打到了第七天，就得马上转入防守。

一开始，美军不了解这个情况，后来摸到了志愿军的弱点，变狡猾了。志愿军一打就跑，等打到第七天志愿军弹尽粮绝时，美军便开始反扑。可在朝鲜战争后期，解放军的后勤补给大大改善了。其中一个重要原因，就是发动群众想了许多土办法，解决了给养困难。例如，每个山头放几个瞭望哨，一旦飞机来了，就打信号枪，通知运输车躲到防空洞里，等飞机走了，车队再继续行进。当时，有十个团一万多人执行这个放哨的任务。这个土办法很见效，抗美援朝后期，一百辆运输车上去，被摧毁的不到百分之一。

所以，后来在总结抗美援朝战争经验时，毛泽东特别提出，领导正确只是夺取胜利的因素之一，“而最主要的因素是发动群众出主意，想办法”。

20世纪60年代，南京军区连长郭兴福，带兵很严格，也很灵活。在组织部队练兵时，他提出“带着敌情练兵”，以毛泽东军事思想教育战士，讲究发扬军事民主，要求机动灵活，提出几十个怎么办，让战士遇到问题开动脑筋想办法，创造了许多新训法，新战法，提高了部队战斗力。叶剑英元帅说，按照这个方法训练部队，能把战士练成小老虎。毛泽东知道了这个消息，号召在全军推广“郭兴福教学法”，在全军开展了大比武活动，涌现出大批“神枪手”“神炮手”“多面手”，成为解放军军事训练最好的时期。

新时期人民军队继续发扬了“诸葛亮会”的优良传统。例如，遇到难活儿险活儿，第二炮兵某旅导弹发射四营就会召开“诸葛亮会”，让大家开动脑筋想办法。2008年2月5日，他们接受了赣南部分地区农用电网抢建任务，需要立起上千根电杆，修建3座钢制电网塔架。往山上运送电网铁塔钢材是个“粗活”。一座电塔钢材重达60吨。其他单位用的都是“民工”的办法——抬、背、扛。四营官兵一开“诸葛亮会”，总结出了一个“分段搬运法”。他们按田径中接力赛的分配方法，把战士按体力分配在不同路段上。结果是，他们运的比别人快，战士们有休息的“空当”，一样的活儿、一样多的人，干得就是比别人轻松自在。就连山上负责安装电塔的电力工人都眼红地说：“看人家当兵的，干粗活都讲‘战术’，这要是上了战场，准能赢！”

从革命战争年代创造的游击战、地道战、地雷战，到改革开放以来实行的农村联产承包责任制、建立经济特区、搞股份合作制、群众性精神文明创建活动等，无不是依靠群众的智慧与力量。

成功的管理者都懂得，“当CEO的创新思维不足时，最好的方法是激活员工的创新思维，把组织变成一个创新型组织。”

杰克•韦尔奇在自传中强调，管理GE的一个重要的工作方法是“打滚”，也就是当经营管理中遇到难题时，“把一大群人召集在桌子旁，不管职位高低，大家一起就某个困难问题进行急诊”。韦尔奇认为，这样就可以实现“集体智慧最大化”，“让每一位员工全身心投入到工作中来，是CEO最主要的工作”。他说：“没有什么比这一点更重要了。我把自己比做海绵，吸收并改进每一个好点子。”

在《赢》一书中，韦尔奇又写道，类似这样的“群策群力”活动，GE组织了几万次，现已成为公司解决实际困难的一种普遍方式。“都是因为有了上面的业务讨论会，我们才拥有了员工的头脑。”“‘一切由老板说了算’的企业文化已经一去不复返了。”

从7人创业团队，发展到今天16000人的公司，百度一直提倡集中员工智慧的创新方式。在百度的各种会议上，员工也可以拍着桌子争执，提出见解。只要任何一个员工有创意、有办法，都可以申请自建或与别人共建创新小组，像百度文库这样的创新团队随处可见。百度曾经举办过一场编程马拉松大赛，200多名百度年轻工程师自由组队，近百个想法五花八门：既有对百度现有产品、技术方面的改进，也有全新的互联网产品创意。通过这种方式，激活了基层员工的能动性和创新能力，最大限度地集中员工智慧，使百度稳坐中国互联网头把交椅。

草鞋没样，边打边像

解放军之所以开创中国军事战争的常胜时代，就在于这支军队能够大胆打破条条框框，不断突破思想禁区，在实战中勇于创新。

战争的残酷性在于，在你死我活的激烈战场上，任何知识和经验的取得，都是以鲜血乃至生命为代价的。对此，西方军事理论家克劳塞维茨有一句名言："在行动中大多需要立马下决心，此时并没有充分的时间给你去重新了解情况，甚至连仔细思考的时间都没有。要想不断地战胜意外事件，就必须具有两种特质：一是在茫茫的黑暗中仍能发出内在的微光以照亮真理的智力；二是敢于跟随这种微光前进的勇气。"

早期的中国革命战争是没有任何现成蓝本可以照抄的，就连毛泽东开始领导秋收起义时，也是要攻打大城市，并以长沙为目标的。这在军事上与俄国革命搞中心城市的武装起义相比，并无新意。但毛泽东通过实践很快就发现了错误，并义无反顾地起来纠正这种错误，而不管这种错误的原因是否有权威性，用毛主席的话说就是，"草鞋没样，边打边像"。

因此，当秋收起义受到挫折，其他同志还在继续热衷于搞城市暴动的时候，毛泽东却率先改变，取消了攻打长沙的计划，率领部队上了井冈山。

一切从实际出发，勇于实践，大胆创新，是解放军创新精神的基石。

洪学智上将在《抗美援朝战争回忆》一书中曾经记载一件事，1951年1月上旬，在第三次战役中，洪学智在朝鲜与五名被俘的美军连长谈了一次话。其中有下面一段对话：

有一个连长，把两个大拇指头伸出来说："你们是打仗专家！"

我（洪学智）笑了，问："为什么这样说呢？"

他说："打仗没你们这样打法的呀！第二次世界大战我也参加了，我们的打法是把火炮排好，火炮先轰，飞机轰炸完了，步兵就上去。可是你们打仗怎么跑到我们屁股后面来了呢？怎么从后面打呢？我们从来也没有打过这样的仗呀！"

我说："你们打仗是平推，我们打仗是穿插、迂回、包抄。"

他说："我很讨厌这种打法。"

我说："那说明志愿军的战术有效。"

从这段对话中，可知中国军队作战灵活，不拘一格，战法多变。

对此，毛泽东总结道："一切带原则性的军事规律，或军事理论，都是前人或今人做的关于过去战争经验的总结。这些过去的战争所留给我们的血的教训，应当慎重地学习它。这是一件事。然而还有一件事，即是从自己经验中考证这些结论，吸收那些用得着的东西，拒绝那些用不着的东西，增加那些自己所特有的东西。这后一件事是十分重要的，不这样做，我们就不能指导战争。"

毛泽东的这一套创新思想，对当今许多企业家都有深刻的影响。比如奇虎360董事长周鸿祎认为，创新就是一种思维方式，是在实践过程中感悟出来的，是与其他人交流出来的。创新应该像我们玩游戏似的，走到某一步的时候突然出现一些新的线索。举个例子，今天很多人说Foursquare，都在琢磨如何效仿。其实他的创始人很早以前就在做城市信息搜索，不太成功，后来又做基于定位的酒吧交友，也不太成功。到最后，他把城市信息搜索加上定位交友，加上一些游戏娱乐，变成了Foursquare。这就像做火药，你把硫黄加木炭不行，把木炭加硝酸也不行，但把这三样东西按一定比例掺在一起，就变成一个大炸弹了。变成炸弹之后，大家就会说，只要你同时研究硫黄、硝酸和木炭，你就能做炸弹了，但这是不行的，没有东西是这么研究出来的。

人们往往以为创新属于“灵光乍现”或者“聪明的创意”，其实,这并不是真正意义上的创新。

美国管理学大师彼德·德鲁克清醒地告诫说，这种思想将给企业经营实践带来危险。“只要你不断尝试聪明的创意，你就会取得成功”，这种观点犹如“只要你不断投钱到老虎机中，你就会赢得大满贯”，在老虎机的游戏中往往投得越多，输得越多。

为此，德鲁克希望更多的经理人、企业家有信心去学习、去实践，通过不断的努力与实践，把创新更多地当成可以学会的“技能”，而不是高不可攀的“才气”。这一观点，与解放军的创新思想可谓不谋而合。

没有调查研究就没有创新

很多人有一种误解，认为解放军打胜仗，就是靠毛泽东，毛泽东用兵真如神。实际上并不全是这样。毛泽东并不是能掐会算的神仙，他在指挥人民军队的过程中，每逢需要做出重大决策，都十分注意调查研究，听取各方面的意见，并根据各方的建议，及时修正决策，使作战部署更加符合战场实际。

毛泽东认为，要解决新问题，形成新思路，最管用的办法就是调查研究。他在《反对本本主义》一文中指出："你对于那个问题不能解决么？那么，你就去调查那个问题的现状和它的历史吧！你完完全全调查明白了，你对那个问题就有解决的办法了。"

对于这一点，聂荣臻元帅曾经回忆说，毛泽东善于调查研究，总结经验，注重出敌不意和集中兵力。他很讲民主，大的军事行动，都尽可能事先征询我们的意见，然后再做出决定。

例如，举世闻名的淮海战役是由粟裕最先提出的，毛泽东认为"甚为必要"。战役顺利展开后，毛泽东曾提出第二阶段作战应以华东野战军兵力连续作战，歼击邱清泉、李弥兵团，并相机夺取徐州。但是，随着战场变化，由邓小平、刘伯承、陈毅等人组成的总前委从战场实际出发，向中央军委建议，让华东野战军休整，由中原野战军歼灭黄维兵团。毛泽东采纳了总前委的这个意见，调整了作战部署，保证了淮海战役的圆满胜利。

“零敲牛皮糖”战法，也是毛泽东在朝鲜战争中的精彩之笔。战争初期，美军狂妄自大，不把中国军队放在眼里，分兵冒进，结果钻进了志愿军设置的“口袋阵”里，被打的七零八落，伤亡几十万人。五次战役后，敌人变得狡猾了，不再长驱直入，而是稳步推进，凭借海空优势和强大火力，构筑防线，在三八线与我军对峙，打起了阵地战。

如何在阵地防御作战中消灭敌人，毛泽东进行了调查研究。他首先听取了彭德怀司令员的意见，然后把前线几位军长请到北京，一个一个分别谈话，有次和38军军长梁兴初就谈了一个下午。几位军长说，打美军和打国民党军有点不同，国民党军队一被包围，只要我军冲锋号一响，就举手投降了，美军被包围后，仗着坦克、大炮，加上空中优势作掩护，几个小时就溜走了，所以有时我们包围美军一个师、一个军，也打不成歼灭战。毛泽东听后心中有了数，说道：大口吃不成就吃小口嘛！一次啃不动就一块一块地啃，每次不要贪多，消灭他一个班、一个排就够了，打小歼灭战，积小胜为大胜，就像我们湖南人吃牛皮糖一样敲着吃，这种战术就叫“零敲牛皮糖”！

志愿军在毛泽东“零敲牛皮糖”作战方针指导下，广泛开展“打小歼灭战”活动。在前沿阵地上，战斗突击小组非常活跃，每天太阳一落山，就成了志愿军的天下，一股一股敌人被消灭，一个一个碉堡被炸掉，打得敌人心神不宁，一位美军军官说：“大仗不能打，小仗打不赢，整天蹲在阵地上，说不定什么时候就挨一阵冷枪冷炮！”就连美军士兵走出阵地解大小便也经常遭到袭击，只好用罐头盒解决。一些战士说，“零敲牛皮糖”白天也能打。许多部队成立了“狙击班”、“狙击手”，只要敌人一露头，就成了活靶子。战士张桃芳在连队开展的“杀敌百名狙击手”活动中，32天内以436发子弹打死打伤214名敌人，荣获“二级战斗英雄”称号，在他的带动下，全班歼敌760名。

美联社记者曾这样描述士兵换班的情况：“联军匍匐在地，爬向他们的阵地，而后背上时时透出股凉气，不知什么时候敌人的炮弹就落在身上，他们胸口划着十字，祈望上帝保佑他们平安地爬向地堡。”真是吃尽了苦头！据统计，志愿军运用“零敲牛皮糖”战法，在阵地防御战中歼敌10万余人。

毛泽东认为，创新军事战略战术要靠调查研究，治国理政也是如此，这是克服困难、解决问题的根本途径。

1958年，毛泽东的同学好友周世钊(时任湖南省副省长)写信谈及自己“缺乏从政经验”，有“临事而惧”之感，毛泽东回信鼓励说：“我认为聪明、老实二义，足以解决一切困难问题。……聪谓多问多思，实谓实事求是。持之以恒，行之有素，总是比较能够做好事情的。”只要多调查研究和抱实事求是的态度，就一定能够创造性地做好工作。1961年在广州会议上，毛泽东进一步强调自己历来的经验是，“凡是忧愁没有办法的时候，就去调查研究，一经调查研究，办法就出来了，问题就解决了。”

早期办企业时，史玉柱开始并不把调查研究当回事，不讲实事求是，结果把巨人大厦盖成了烂尾楼，还招来了不少骂名。但他很聪明，汲取教训，凡事三思而后行，创造了许多令人瞩目的奇迹。

创新脑白金销售方法，是史玉柱精彩人生的亮点，也是他的得意之作。脑白金是一种保健品，并没有什么特殊，怎么把脑白金打入市场，成为畅销产品，史玉柱动了很多脑筋，他带领了1万多人的营销团队深入中国城乡，走街串巷，调查了解，终于找到了营销对象。原来，中国的老年人都想吃保健品，但一是买不起，二是有钱也舍不得买，多靠儿女送，因此，他创造了“今年过节不收礼，收礼只收脑白金”的广告语，一经在中央台播出，便家喻户晓。这一招一炮打响，中国十几亿人都知道了脑白金，每逢过年过节，成了中国人传唱的口头禅。有种夸张的说法，中国13亿人，有一半人在吃脑白金。巨大的成功给史玉柱带来了火爆商机，一万多名员工奔走在全国城乡和大街小巷，被称为巨人团队。即使大年三十，员工们仍然活跃在商场里做营销。令人惊叹的是，这个广告做了十几年，员工们也忙活了十几年，至今仍然势头不减，有人问：是什么在支撑着脑白金？说到底，就是通过调查研究，找准了销售对象。

史玉柱搞活了脑白金，尝到了甜头，接着，他把这套方法移植到了网游事业上。为了了解玩家最真实的想法，史玉柱化身于玩家，每天都花十几个小时在游戏中，观察其他人的言行，在共同游戏的过程中与他们进行沟通，了解玩家喜欢什么，不喜欢什么，为什么喜欢，为什么不喜欢。他每天都会与大量玩家进行交谈，将了解到的信息传达给制作团队，第一时间进行创新。史玉柱还要求手下的团队包括客服人员在内，与玩家保持亲密接触，收集第一手的信息。连总监、副总级的公司高管，都要时不时走访二、三线城市的网吧，放下架子与玩家进行交流，使巨人网络的网游事业获得了巨大成功。

后 记

如果一本书能够使读者看完后从中获得教益，受到启迪，这样的书才有价值，笔者编写《解放军正能量》一书的初衷即在于此。

建立一支积极向上卓越的团队，是每个组织和领导者所孜孜以求的目标。在这方面，解放军是当之无愧的楷模。

新中国诞生以后，随着中华民族的崛起和伟大复兴，特别是改革开放以来，上至社会各界名流，下至普通创业者的成功，无不打上解放军精神的印记。可以说，如果每一支团队都能像解放军那样把“无限忠诚、无私奉献、英勇顽强、恪尽职守、紧密团结、严守纪律、艰苦奋斗”等精神熔铸到血液里，体现到行动上；如果团队每一位成员像解放军那样把自己打造成一个能打硬仗、能打胜仗的勇士，就能够迸发出无穷的力量，成为一支高效且充满生气的卓越团队！

本书的编写完成，是在“红色管理学”倡导者李凯城同志的指导下完成的。作为党史和军史专家，李凯城同志在军内外具有广泛影响力，可以说，没有他的支持和帮助，本书是很难问世的。

此外，在编写过程中，总参谋部机关邢宝旺硕士、国防大学卢兴顺博士和工作人员符丹丹做了许多工作，特别是出版界人士位灵芝、王滟和江榕女士对书稿提出了许多宝贵意见，进行了认真的审定修改。本书参考了大量文献资料，吸收了许多专家、学者著述的优秀成果，在此一并致谢。

李占海

2013年7月29日

主要参考文献

1.《毛泽东选集》，人民出版社，2009年。

2.《毛泽东传》，逄先知、金冲及著，中央文献出版社，2012年。

3.《中国共产党历史》，中央党史研究室编，中共党史出版社，2011年。

4.《中国人民解放军军史》，中国人民解放军军史编写组编，军事科学出版社，2011年。

5.《中国人民解放军战史简编》，中国人民解放军军事学院编，解放军出版社，1983年。

6.《军旗飘飘》，《中国人民解放军军史经典故事》，王建伟、文忠民编，国防大学出版社，2007年。

7.《英模故事集》，总政治部宣传部编，解放军出版社，2010年。

8.《新一代最可爱的人》，解放军文艺社编，解放军文艺出版社，1980年。

9.《第二次世界大战史》，（英）利德尔•哈特著，钮先钟译，南方出版社，2010年。

10.《抗美援朝战史》，军事科学院历史研究部编，军事科学出版社，1999年。

11.《长征》，王树增著，人民文学出版社，2011年。

12.《中国共产党90年创新实录》，邵维正著，解放军出版社，2011年。

13.《朝鲜战争》，王树增著，人民文学出版社，2010年。

14.《星火燎原》，总政治部宣传部编，解放军战士出版社，1979年。

15.《红色经典故事丛书》，黄河出版社编，黄河出版社，2010年。

16.《当代军人的十大财富》，高成运著，文化艺术出版社，2007年。

17.《兵商如铁：看军人文化的时代魅力》，房秀文著，人民出版社，2007年。

18.《忠诚与背叛》，何建明、厉华著，重庆出版社，2011年。

19.《走出军营的老兵》，成宝宏著，中国青年出版社，2010年。

20.《毛泽东的领导艺术》，陈登才著，军事科学出版社，1989年。

21.《解放战争》，王树增著，人民文学出版社，1989年。

22.《细节决定成败》，汪中求著，新华出版社，2004年。

23.《庄严地工作》，李伟著，中国三峡出版社，2007年。

24.《我们需要怎样的员工》，朱永新著，高等教育出版社，2003年。

25.《苦难辉煌》，金一南著，南海文化出版社，2010年。

26.《世界经典战例》，朱冬生著，解放军出版社，2009年。

27.《世界战争全记录》，赵成著，江苏人民出版社，2011年。

28.《在中国如何当领导》，曾仕强著，北京大学出版社，2009年。

29.《哈佛商学院管理全书》，哈佛商学院教程研究工作室编，中国致公出版社，2011年。

30.《世界成功管理经典智慧全集》，李津著，地震出版社，2010年。

31.《怎样的员工老板最喜欢》，李伟著，中国华侨出版社，2009年。

32.《我的职业我做主》，汪莉著，中国华侨出版社，2007年。

33.《卓越团队的人才经营》，君子著，天津科学技术出版社，2009年。

34.《工作就是责任》，周永亮、李建立著，机械工业出版社，2008年。

35.《忠诚敬业》，（美）阿尔伯特•哈伯德著，郑星季译，中国民航出版社，2004年。

36.《向解放军学习系列》丛书，李庆山著，华夏出版社，2009年。

37.《向解放军学习》，张建华著，北京出版社，2005年。

38.《激荡三十年》，吴晓波著，中信出版社，2007年。

39.《商战》，沙三郎著，大众文学出版社，2009年。

40.《血路——新四军征战纪实》，任才著，当代中国出版社，1995年。

41.《抗日战争实录》，解力夫著，河北人民出版社，1992年。

42.《新时代英模》，总政治部组织部编，解放军出版社，1982年。

43.《我的成功不是偶然：马云给年轻人的创业课》，任雪峰著，中国画报出版社，2010年。

44.《军队精神：优秀员工必备的职业精神》，文章著，中国纺织出版社，2009年。

45.《红旗飘飘》，总政治部宣传部编，中国青年出版社，1979年。

46.《当代军人核心价值观教育》，李萌著，长征出版社，2009年。

47.《企业文化是怎样落地的》，侯贵松著，中国纺织出版社，2005年。

48.《蒋介石传》，（英）乔纳森•芬比著，陈一鸣译，中国青年出版社，2011年。

49.《为公司着想——打造优秀职业人》，邢桂平著，中国华侨出版社，2007年。

50.《十大元帅》，彭建东著，中共党史出版社，2010年。

51.《十大将军》，陈枫著，中共党史出版社，2010年。

52.《十大司令》，宋国涛著，中共党史出版社，2010年。

53.《十大参谋》，冯先宏著，中共党史出版社，2010年。

54.《战场博弈——毛泽东胜敌36法》，宣村、傅静著，中共文献出版社，2007年。

55.《开国英雄的红色往事》，梅世雄、黄庆华著，新华出版社，2009年。

56.《思路决定出路》，宿春礼著，中国和平出版社，2009年。

57.《百年战争评说》，姚有志、过毅著，军事科学出版社，2001年。

58.《蒋介石败退台湾真相始末》，张同新、何仲山著，武汉出版社，2011年。

59.《用心管人》，马妍妹著，电子工业出版社，2010年。

60.《西点军校的经典法则》，杨立军著，学林出版社，2012年。

61.《美好的人生》，（美）戴尔•卡耐基著，刘娟译，陕西师范大学出版社，2009年。

62.《以人为本——人本管理操作方案》，申明、李剑、常浩著，企业管理出版社，2009年。

63.《赢在执行力》，谢文辉著，北京科学技术出版社，2010年。

64.《最寒冷的冬天：美国人眼中的朝鲜战争》，（美）大卫•哈伯斯塔姆著，王祖守、刘寅龙译，重庆出版社，2011年。

65.《德鲁克管理思想》，梁素娟、王艳明著，企业管理出版社，2010年。

66.《发扬优良传统保持老红军本色》，总政治部宣传部编，国防大学出版社，1993年。

67.《热血！中国军校》，八路著，时事出版社，2012年。

68.《中国共产党军队政治工作七十年史》，姜思毅著，解放军出版社，1991年。

69.《红安县革命史》，郭家齐、彭希林著，武汉大学出版社，1992年。

70.《老一辈革命家创造的解放军政治工作的优良传统》，裘克人、陆春炎、朱少华著，蓝天出版社，2003年。

71.《毛泽东与抗美援朝战争》，徐焰著，解放军出版社，2003年。

72.《解放军为什么能赢》，刘明福著，人民武警出版社，2012年。

73.《解放军为什么能执行》，董强著，黄河出版社，2012年。

74.《领军之道》，李凯城著，北京工业大学出版社，2007年。

75.《九谈》，王立华著，军事谊文出版社，2010年。